Botho Strauß

Schändung

Nach dem »Titus Andronicus«
von Shakespeare

Carl Hanser Verlag

1   2   3   4   5   09   08   07   06   05

ISBN 3-446-20626-4
© Carl Hanser Verlag München Wien 2005
Satz: Satz für Satz. Barbara Reischmann, Leutkirch
Druck und Bindung: Friedrich Pustet Regensburg
Printed in Germany

Personen

SATURNIN, ältester Sohn des verstorbenen Kaisers
BASSIAN, sein Bruder
TITUS ANDRONICUS, General
LAVINIA, seine Tochter
TAMORA, Königin der Goten
AARON, ihr Liebhaber, ein Mohr
ALARBUS ⎫
DEMETRIUS ⎬ Tamoras Söhne
CHIRON ⎭
MONICA/REGISSEURIN/PROBANDIN
EINE JUNGE MUTTER
DER KNABE LUKAS/MUTIUS
Zuschauer, Versammelte, Soldaten, Ausrufer

I
Die Formen und die Plötzlichkeit

*Vor einer podestartigen Spielebene eine Gesellschaft von
Nachtvögeln, frühmorgens heimkehrenden Besuchern eines
Balls oder Galadiners. In der Schar eine junge Frau, deren
Hände auf dem Rücken mit weißem Kabel gefesselt sind, es ist
Tamora, Königin der Goten. In ihrem Gefolge, kaum auffal-
lend, ihre Söhne Demetrius, Chiron und Alarbus. Ebenso der
Mohr Aaron.*
*Im Hintergrund zwei Schwingtüren, oberhalb des Podests die
Empore oder Galerie der Shakespeare-Bühne.*
*Durch die Menge bewegen sich drei Ausrufer, die abwech-
selnd ihre Rede führen.*

ERSTER AUSRUFER Terra secura! Exclusives Wohnen in abso-
lut geschützter Lage! Ihre Frau traut keinem Bediensteten
mehr? Ihre Frau ist unzufrieden mit dem Wachpersonal?
Ihre Frau wagt sich nicht mehr auf den Markt?

ZWEITER AUSRUFER Sie fordern besseren Schutz, mehr Sicherheit für Ihre Kinder?

DRITTER AUSRUFER Erwerben Sie Anteile an der Stillen Stadt.

ZWEITER AUSRUFER Terra secura! Exclusives Wohnen in ab-
solut geschützer Lage!

DRITTER AUSRUFER Sie gehen nach Sonnenuntergang nicht
mehr aus dem Haus?
Sie hören aus der Nachbarschaft von Diebstahl, Notzucht
und Entführung?

ERSTER AUSRUFER Sichern Sie sich hochwertiges Wohneigen-
tum in sorgloser Abgeschiedenheit!

*Während die Ausrufer zwischen den Versammelten umherge-
hen und Prospekte verteilen, kommt Eine junge Mutter mit
ihrem Sohn Lukas auf die Bühne. Sie stellt einen kleinen Falt-
stuhl in die Nähe der vordersten Bühnengasse in Blickrich-
tung des Podests.*

EINE JUNGE MUTTER Setz dich hier hin und warte, bis ich
   zurückkomme. Oder stell dich hin und sieh zu, was pas-
   siert.
   Warte in Ruhe, bis ich vom Einkauf zurück bin.
   Laß dich von niemandem ansprechen. Misch dich nicht ein.
   Rede mit niemand. Hast du mich verstanden? Gut.

Eine junge Mutter ab.

ZWEITER AUSRUFER Terra secura: vierzehntausend Hektar
   Sicherheit vor den Toren Roms!
   Eingezäunt und abgeschirmt. Bewacht von eigner Garde.
   Unbestechlicher Kohorte.
DRITTER AUSRUFER Kostenloses Probewohnen! Jede Woche
   neu verlost.
ERSTER AUSRUFER Terra secura: ein Ort des Lichtes und der
   Stille.
   Der Schönheit und der Sicherheit.
DRITTER AUSRUFER Terra secura: das ist die andere Stadt. Wo
   alle Türen offen stehen, wo die Zeit sich Zeit läßt.
ZWEITER AUSRUFER Geheim verborgen unzugänglich. Aus-
   nahmslos bewohnt von gesunden, schöngewachsenen Men-
   schen.
ERSTER AUSRUFER Menschen, die man gerne sieht in Bädern
   und auf Promenaden.

DRITTER AUSRUFER Keine Krüppel.

Keine Übergewichte.

Keine ansteckenden Krankheiten.

Keine unterdurchschnittliche Intelligenz.

ZWEITER AUSRUFER Stattdessen Künste Kuren Kurse ohne Zahl.

Kinderpflege, Liebesdienste, Gartenbau.

Sowie die siedlungseigne Mumifizierwerkstatt.

Der Knabe Lukas auf seinem Stuhl lacht laut.

ERSTER AUSRUFER Ja, da lachst du, mein Junge.

Da gab's schon mal einen heiteren Knaben wie dich im Publikum. Der lachte über alles, was wir ihm erzählten, der lachte, weil er nur zu gut verstand, wovon die Rede war: vom wunderbaren Kindertraum, der Wirklichkeit geworden ist! Draußen vor der Stadt …

DER KNABE LUKAS *springt von seinem Stuhl auf* Ich verfluche dich!

SATURNIN *kommt durch eine der hinteren Türen nach vorn auf das Podest* Römer, Landsleute, verehrte Gefolgschaft! Schlagt euch für meine Wahl. Ich sage: schlagt zu,

wenn einer mir das Recht abspricht, der nächste Kaiser Roms zu sein.

Haut ihm die Ohren ab mit eurer Klinge. Wütet und verödet und verbrennt.

Verdammt die Schrecken, die ihr stiftet, dann mit scharfer Zunge.

Damit ganz Rom nach einem Herrscher schreit, der endlich Ordnung bringt.

Nach mir. Dem Erstgeborenen unseres letzten Kaisers.
Der von seinem Vater, wie es Brauch, die Krone übernimmt.

*Bassian, jüngerer Bruder des Saturnin, drängt durch den Zu-
schauerhaufen.*

BASSIAN Schont euren Ehrgeiz, Prinz. Spart euch die Hetze,
den Parteienstreit. Auch ich, Bassian, bin ja ein Sohn unseres verstorbenen Herrschers. Und wenn ich je bei euch ein
wenig Gunst genoß, dann, Römer, tut mir den Gefallen, bewacht den Weg zum Kaiserthron, den Aufstieg zum Kapi-
tol, auf daß kein Unwürdiger ihm naht, kein werteloser
Mensch, der jeden Sinn für Recht und Maß und Gnade
längst verloren hat. Denn diese Tugenden sind unentbehr-
lich für das höchste Herrscheramt.
Das Volk von Rom, das die Tribunen rechtmäßig vertreten,
ruft ohnehin nur einen aus zum Fürsten dieses Reichs.
Einmütig gibt es seine Stimme dem Aeneas unserer Zeit,
den wir von heute an mit Beinamen Pius nennen, in Aner-
kennung seiner heiligen Verdienste um das Vaterland.
Lebt denn ein würdigerer Mann, ein tapferer Krieger in
unseren Mauern? Eben erst, bevor ihn der Senat nach
Hause rief, schlug er unseren Schreckensfeind, die wider-
lichen Goten, wahrhaftig eine kriegserfahrene wilde Meute
und kein leichter Gegner. Fünfmal kehrte er als Held zurück, zehn schwere Jahre liegen hinter uns, fünfmal brachte
er Triumph. Und heute kündigen ihn aufs neue die Ruhm-
trophäen an. Ich bitte euch, guter Prinz, mein Bruder: Wo
so ein Mensch erscheint, schickt eure treuen Freunde heim,
gebt euer Wahlgeplänkel auf. Stellt die Bewerbung ein um
unseren Kaiserthron.

Titus Andronicus kommt aus dem Hintergrund über das Po-
dest, im Trauergeleit zwei gefallene Söhne.

TITUS Es lebe Rom. Der Sieg trägt schwarz.
Mit Tränen unterm Lorbeer grüßt der alte Krieger die geliebte Heimat. Und du, mein oberster Gebieter, Schutzherr
dieses Kapitols, du großer Jupiter, nimm gütig hin mein
demutsvolles Opfer.
Von fünfundzwanzig Söhnen, die in bitteren Schlachten
an meiner Seite kämpften, bestatte ich hier den armen Rest.
O heilige Erde meines Vaterlands, nimm sie in Liebe auf.
Titus Andronicus: Unhold der Familie! Schlecht sorgst du
für dein eigen Fleisch und Blut, Söhneverschleißer. Was läßt
du ihre Schatten wandern unerlöst am düsteren Strand des
Styx? Schafft Platz im Grab und legt sie zu den Brüdern.

Die Männer im Trauergeleit senken die Bahren nieder in eine
Vertiefung des Podests.

Begrüßt euch, Kinder, still, wie Tote eben grüßen.
Schlaft nun in Frieden und im Ruhm, mein allerliebstes
Blut, für euer großes Land seid ihr gefallen.
Er kniet nieder.
O Lager mir entrissener Freuden, heilige Ruhestätte mei-
nes Glücks. Wie viele sind's auf einen Stapel von meinen
heißgeliebten Söhnen? Willst du mir keinen wiedergeben?

Nach einem Augenblick der Stille erhebt sich Titus und fährt
in nüchternem Ton fort.

Die Manen der Erschlagenen zu versöhnen, fordert unsere
Religion ein Menschenopfer. Einen trifft es aus der Schar

der Feinde, die in Gefangenschaft uns folgten. Ausersehen für die Göttergabe, verehrte Fürstin, ist euer Sohn Alarbus. Er war der Tapferste im Feld und muß jetzt sterben.

TAMORA *in der Menge* Du gnadenreicher Sieger, sieh mich an! Ihr edlen römischen Brüder, haltet ein: eine Mutter weint für ihren Sohn. Dir, Titus, waren alle deine Söhne lieb. Denk nur, wie lieb dann einer Mutter ist der Erstgeborene.

Du hast uns im Triumph nach Rom geführt, gefangen und im Joch. Das war für dich sehr schön. Wozu willst du mit einer Greueltat die frohe Siegesfeier schänden? Nur für den Pöbel, nur zu eitler Schau, diese edlen Glieder auseinanderreißen?

TITUS Einen Augenblick, Madame. Verzeiht.

Unsere Frommheit ist es, die das Opfer fordert.

TAMORA Titus Andronicus! Fühlst du dich nicht den Göttern gleich in vielen deiner Gaben? Dann übernimm von ihnen auch Barmherzigkeit. Denn Gnade zeugt von allerhöchster Macht.

Sie kniet.

Titus, mein Herr und mein Eroberer: laß meinen liebsten Sohn bei mir.

TITUS Nehmt ihr den Alarbus.

Zerstückt ihn erst, dann werft ihn in die Flammen.

Teil für Teil. Haut ihn so klein, daß ihn das Feuer restlos frißt. Kein Mißgeschick störe die heilige Zeremonie.

TAMORA Nicht meinen Sohn! ...Das nennt ihr Frömmigkeit? Blutdurstige Barbarei! Nicht meinen Sohn für euer Schaugemetzel auf dem Markt. Der edle Römer wandelt sich zur Bestie und nur das Grausamste macht ihm Vergnügen.

TITUS Schmäht unsere heilige Sitte nicht, Fürstin.
Ihr Goten kennt den tiefen Sinn der römischen Riten nicht.
Der Stärkung unserer Volksgemeinschaft dient dies Opfer
eines Starken. Nehmt ihr den Alarbus.
*Die Männer aus Titus' Begleitung reißen den Alarbus von der
Seite seiner Mutter.*
*Ihre beiden anderen Söhne, Demetrius und Chiron stellen
sich schützend vor sie.*

TAMORA Laßt meinen Sohn bei mir … Meinen Sohn! Gebt
mir den Sohn zurück!
CHIRON Ganz Asiens fürchterlichste Schlächter, die Sky-
then, waren niemals so barbarisch.
DEMETRIUS Was Skythen! Römer über alle fürchterlich!
Alarbus, du Lieber. Du stirbst nicht ungesühnt. Wir blei-
ben bei dir, Mutter, ums Leben bangend unter Titus.
Majestät! Bewahrt die Haltung. Mutter, üb dich in Hoff-
nung. Solange Goten Goten sind, bist du die Königin.
Und rächst das blutige Unrecht an den Feinden. Dieselben
Götter helfen dir, die einst der Königin von Troja halfen,
Hekuba, als sie dem Mörder ihres Sohns, dem thrakischen
Tyrannen, in seinem Zelt die Augen ausstach.

*Lavinia, eine junge Frau mit blondem Lockenhaar und in
kurzem schwarzem Rock löst sich aus der Schar und geht zu
dem Knaben Lukas am Bühnenrand. Sie übergibt ihm ein
langes weißes Gewand und dazu die nötigen Instruktionen
für seinen Eintritt in die Handlung.*

TITUS Riecht ihr den würzigen Duft im Abendwind?
Ein Atemschmaus für jeden echten Römer.
Madame, ihr Sohn wird jetzt verbrannt. Dem Ritus wollen
wir genügen. Form um Form erfüllen, heißt den Göttern
dienen und Ordnung stiften unter den Sterblichen.

LAVINIA *betritt das Podest; in Sprache und Gebärde zeremo-
niell* In Frieden und im Ruhm lebe du, mein lieber Herr
und Vater. D i e Tränen hier vergebe ich ins Grab zum Ge-
denken meiner Brüder. Doch diese anderen, zu deinen
Füßen kniend, sind helle Freudentränen, weil du zurückge-
kehrt nach Rom. Leg deine Siegerhand auf mich und segne
dein bedürftig Kind.

TITUS Dank, Rom, daß du mir freundlich aufbewahrtest die
Herzensstärkung für mein Alter. Lavinia, Inbild einer rei-
nen, edelmütigen Seele. Dein Ruf – Liebreiz Anstand Sit-
tengröße – überlebe immerdar den Nachruhm deines krie-
gerischen Vaters.

*Lavinia gibt dem Knaben Lukas einen Wink, daß er neben sie
trete.*

LAVINIA General Pius, das Volk von Rom, dessen Freund du
immer warst, sendet dir durch mich, im Auftrag der Tribunen, dies weiße Kleid von unbeflecktem Glanz. Es beruft
den Helden und den Schlachtensieger in die engste Kaiserwahl gemeinsam mit dem Sohn des letzten Herrschers.
Titus, mein Herr und lieber Vater, Triumphator in den
Herzen aller Römer, sei Kandidat, laß uns nicht harren, leg
an das weiße Kleid, das Mutius, dein Jüngster, demutsvoll
dir anträgt.

Der Knabe kniet vor Titus und hält, wie ihm gewiesen, das Kandidaten-Gewand auf ausgestreckten Armen.

TITUS Mein kleiner Mutius, lieber Sohn, du übst dich früh in unseren alten Formen. Dankbar und gerührt erkenne ich die feierliche Gebärde.
Der Anfang jedes tapferen Mannes muß stets das Knien sein, das Scheitelsenken.

LAVINIA Hilf uns, dem führerlosen Rom ein neues Haupt zu finden.

TITUS *Rhetor vor seiner Tochter, als spräche er vor der Versammlung der Tribunen* Nun, verdient nicht der berühmte Leib ein besseres Haupt als dieses hier, das schon vor Alter wackelt?
Soll ich das Kleid anziehen und euch Ärger bringen?
Vielleicht würde ich sogar gewählt und wäre Kaiser.
Doch morgen tret ich wieder ab, verzichte und entsignie mich. Denn draußen irgendwo gibt's neuen Streit und ich muß für euch fechten.
Mein liebes Rom, vierzig Jahre war ich dein Soldat.
Und trug mein Scherflein bei zur Stärkung meines Vaterlands: Gebt diesem alten Krieger einen Ehrenplatz, doch keinen Thron, von dem er eine Welt regieren muß. Der es zuletzt gekonnt, der konnt' es gut. Der Kaiser.

LAVINIA Titus, weshalb zögerst du? Woher so plötzlich die Bedenken? Du allein erhältst dem Reich das Leben. Du allein besitzt die innere Festigkeit, das Land vom Grunde aufzurichten. So daß es Freiheit in der Ordnung findet, Freude hat am Spiel der Regeln. Nun fordere auch die Macht für dich.

SATURNIN *jetzt von der Galerie* Was hetzt die steife Jung-

frau da den müden Vater auf?! Entscheidet sich die römische Kaiserwahl zu Haus,
am warmen Herd, ganz familiär? Sprechen Volkstribunen
neuerdings mit Mädchenstimmen? Wird, was alle Welt angeht, nun zwischen Vater und Tochter ausgerichtet?
Ihr gebt ein schlechtes Beispiel für das offene Rom,
ein öffentliches, das ihr fordert. Nichts wäre dem wohl
mehr verhaßt als geheime Absprachen und Intrigen.

TITUS Einen Augenblick gedulde dich, Prinz Saturnin.

SATURNIN Römer! Werdet wach! Achtet auf mein Recht!
Patrizier! Alle Edelleute, steht an meiner Seite!
Zieht euer Schwert und steckt's nicht wieder ein,
bevor Saturn zum Kaiser Roms gewählt.
General Pius, Pius! Zur Hölle fährst du eher, als daß du
mich vertreibst aus dem Herzen meines Volks.

LAVINIA Saturnin, von Stolz gespreizter Prinz, du trampelst
auf der guten Meinung rum, die unser künftiger Kaiser
für dich hegt.

TITUS Faßt Euch, Prinz. Ich werde dieses Herz,
von dem Ihr sprecht, für Euch bereit machen.
Das Herz aller Römer, und sie davon abbringen,
dem eigenen Herzen zu gehorchen.
Zum Publikum unterhalb des Podests Euch alle bitte ich nun,
wählt eures Kaisers ältesten Sohn, wählt Lord Saturnin.
Im Glanze seiner Tugenden möge Rom
erstrahlen wie im Sonnenschein die Erde.
Recht und Sitte, Kult und Brauch, des alten Roms
gewichtige Säulen, sie mögen nun, erneuert aufgerichtet,
das Schutzdach seiner Herrschaft tragen.
So wählt nach meinem Rat, krönt ihn und jubelt: Lang lebe
unser Kaiser!

16

LAVINIA *am Rand des Podests, zu den Versammelten* Mit allen Stimmen ruft, der Beifall brause auf, Patrizier und Plebejer, wir wählen Lord Saturnin zum Kaiser. Jetzt jubelt, klatscht und tobt, und alle …!

DIE VERSAMMELTEN *matt* Lang lebe unser Kaiser Saturnin.

SATURNIN *an der Brüstung der Galerie* Titus Andronicus! General Pius! Du hast mir deine Gunst erwiesen.

Die Wahl am heutigen Tag hat den getroffen, der sie wohl verdient.

Den Dank, der dir gebührt, bleib ich nicht schuldig.

Ich werde nach und nach mit Taten statt mit Worten ihn erstatten. Um gleich mit einer zu beginnen, erhebe ich den Namen deiner Familie in den höchsten Rang. Lavinia, deine Tochter, erwähle ich zur Kaiserin.

Ein unwillkürliches Kopfschütteln der Lavinia

Roms kaiserliche Herrin, erlauchte Herrin meines Herzens, im heiligen Pantheon lad ich euch zur Vermählung mit mir ein …

Nun, Titus, wie gefielen dir die ersten Worte eines Kaisers? Was hältst du von meiner plötzlichen Eingebung?

TITUS Ich bin sehr einverstanden, edler Lord.

Ich fühle mich geehrt.

Von der Galerie kommt Saturnin hinunter auf das Podest. Titus legt kniend sein Schwert vor Saturnin auf den Boden. Die Gefangenen Tamora, Demetrius, Chiron, Aaron werden aus der Schar der Versammelten geführt und dem Kaiser übergeben.

TITUS *zu Tamora* Madame, Ihr seid jetzt die Gefangene des Kaisers. Für Eure Ehre, standesgemäß, verbürgt er sich. Wie auch für Euer Gefolge.

SATURNIN *betrachtet Tamora; für sich*
Ein Frauenwunder. Unverschämte Schönheit.
Die würde ich wählen, dürfte ich nochmal wählen.
Zu Tamora
Hoheit, die düstren Wolken treibt von Eurem Antlitz.
Ich weiß, der Krieg hat Euch die Freude vom Gesicht ge-
stohlen. Niemand aber wird Euch hier belästigen oder gar
verachten. Glaubt mir, laßt Euren Mut nicht sinken.
Schwingt Eure Hüfte wie zuhaus.
Ich meine: geht frei und unbeschwert. Der Euch jetzt trö-
stet, kann Euch auf den höchsten Rang erheben. Höher als
die Königin der Goten. *zu Lavinia* Oder mißfällt dir, was
ich sagte, Fräulein?
LAVINIA Durchaus nicht, mein Herr. Es klang nach wahrem
Edelmut. Der gibt den höfischen Höflichkeiten inneres
Mark.
SATURNIN Dank, teuerste Lavinia. Das hast du gut gesagt.
Im Reden kennst du jeden Kniff. Doch ehe ich den Thron
besteige, werde ich mit treffenden Worten dich übertreffen.

*Saturnin führt die Gefangenen, voran Tamora, zu der linken
hinteren Tür und verschwindet mit ihnen. Gleichzeitig stürmt
Bassian mit zwei Männern aus der Schar der Versammelten
auf das Podest und ergreift Lavinia.*

BASSIAN Titus, gnädiger Herr, wenn Ihr erlaubt,
die Jungfrau ist seit einiger Zeit schon mir versprochen.
TITUS Was sagt Ihr da, mein Herr? Meint Ihr das ernst?
BASSIAN Sehr ernst, mein edler General.
Ich bin entschlossen, meinen Anspruch vor aller Augen
durchzusetzen.

EINER DER VERSAMMELTEN Suum cuique heißt es in Rom. Rechtmäßig fordert der Prinz, was ihm gehört.

MUTIUS/LUKAS Und soll es tun, solang es mich an seiner Seite gibt.

TITUS *brüllt* Verräter Wüstling Sittenschänder! Verfluchte Störer, Ordnungsbrecher ihr!

Wo ist die Wache unseres Kaisers?

Verrat, Majestät! Lavinia wird entführt. Die Kaiserin erstürmt geraubt entweiht!

SATURNIN *schaut hinter der Tür hervor* Geraubt? Entführt? Vom wem?

BASSIN *hält Lavinia den Mund zu* Von dem, der ein Recht hat, seine Braut zu entführen, wohin er will.

Und gelte es, sie von dieser Erde fortzutragen.

MUTIUS/LUKAS Beeilt euch, bringt sie in Sicherheit.

Mit meinem Schwert verteidige ich den Ausgang.

TITUS Folgt mir, Majestät. Ich hole sie sofort zurück …

Saturnin folgt nicht, schließt die Tür und steigt mit Tamora und den anderen im Hintergrund zur Galerie.

MUTIUS/LUKAS Mein Herr und Vater, hier kommt Ihr nicht vorbei! Bleibt, wo Ihr steht.

TITUS Wie, mein zarter Knabe, du sperrst, in Rom, mir meinen Weg? Mein Kind erhebt zum ersten Mal ein Schwert und richtet's gleich auf seinen Vater? In dir wurmt was wider die Natur … Die giftige Milbe schneide ich dir aus deinem Herzen.

Er stürzt voran und ersticht den Mutius.

MUTIUS/LUKAS Bassian, zu Hilfe! Hilfe! … Ich kann die Tür nicht halten! Mein Vater sticht mich nieder!

BASSIAN *kommt zurück* O großer Himmel! Welch ein Ungeheuer seid Ihr? In nichtigem Streit erschlugt Ihr Euren
Sohn!

TITUS Du nicht, er nicht: Sohn? Niemand ist mein Sohn.
Keiner meiner Söhne würde mich so tief entehren.
Bassian, du Hund, gib die Lavinia meinem Kaiser wieder!

BASSIAN Tot, wenn du willst. Doch nicht als seine Braut.

*Auf der Galerie erscheint Kaiser Saturnin mit Tamora an sei-
ner Seite. Im Hintergrund Demetrius, Chiron, Aaron.*

SATURNIN Nein, General, nein: das war nicht nötig.
Umsonst hast du den Jüngsten deinem Trotz geopfert.
Der Kaiser braucht keine Lavinia mehr.
Weder sie noch dich noch irgendwen von deinem Stamm.
Ich sollte Leuten trauen, die mich frech verhöhnen?
Dir? Niemals. Noch deinen hochnäsigen Kindern.
Ihr alle habt euch nur verbündet, um mich lächerlich
zu machen vor dem Volk. Der Schnarz heiße ich bei euch.
Wachtelkönig schimpft man mich. Crex crex statt rex.
Gibt's irgendwen im großen Rom, über den man bessere
Späße macht, als Saturnin? Aus jeder Gasse schallt das
Echo auf dein eitles Schwafeln, daß nur von deinen Gnaden
mir die Kaiserwürde zugefallen sei.

TITUS Wie unbegreiflich redest du? Woher kommen dir die
plötzlich grauenhaften Worte? Die sagst du nur, mein gütiger Fürst, damit ich alter Krieger ein zweites Mal erschüt-
tert und verzweifelt bin. Ich soll mich mehr erhärten, daß
ich Worte auszuhalten lerne wie den Hagel Speere in der
Schlacht.

SATURNIN Und nun zu dir, Tamora, Königin der Goten.

Verwegene Schönheit, Diana unter ihren Nymphen,
so glänzt dein Frauenbild, verglichen mit dem erschöpften
Glanz der Römerinnen. Wenn dir die Plötzlichkeit der
Wahl Vergnügen macht – und mein Vergnügen an ihr ist
schamlos groß – dann wahrhaftig wähl ich dich und mache
dich zur Kaiserin von Rom.
Königin der Goten, Königin des – weiblichen Geschlechts,
gefallen dir meine Worte? Was sagst du zu besagter Plötzlichkeit der Wahl? Verzeihe mir, wenn ich nicht jedes meiner Worte so trefflich wählte wie dich, du Pracht – du
Pracht.

TAMORA Mein Herr, mein Kaiser und Eroberer, hier unter
römischem Himmel gelobe ich: wenn Saturnin zu sich erhebt die Königin der Goten, dann wird sie ihm zu Dienst
und Nutzen sein, wie es ein Mann verlangt. Dort bin ich
Amme, liebevolle Mutter, wo unser Kaiser noch sehr jung.
Und wo er sich am Weib erfreut, füttere ich seine Begierden. Ich nähre ihn mit Lust und Rat.

Festliche Musik. Alle verschwinden mit Ausnahme von Titus.

TITUS Und ich? Die Braut ließ mich nicht bitten.
An meinem Ehrentag vollzieht man heilige Riten ohne
mich. Titus, Titus, so kalt verdrängt? Ein Held kehrt heim,
er wird mit Schmach und Schmutz empfangen. Von Falsch-
heit Frechheit Feigheit vor den Kopf gestoßen.
Und dafür opferte ich den jüngsten Sohn? Erstach das liebe
Kind, das mir im Weg stand, als ich rannte, um dies edle
Bild zu retten, das mir die Welt zusammenhielt, die Hoch-
zeit der Lavinia mit meinem Kaiser!
Der sie verstieß. Der sie nicht wollte. Oder wollte nur für

einen Augenblick. Oder nur aus Politik und flüchtiger
Laune. Was sind Launen? Launen sind wie grelle Blitze, die
aus der Wolke unseres Hirns in unsere Hände stürzen. Wir
handeln nicht mehr, wie wir sollten. Wir handeln ohne Not,
wie wir in Not nur schlimmstenfalls gehandelt hätten.
Und so, ganz unversehens, geschieht das Schlimmste. Mein
kleiner Mutius wird von einem Biest erstochen.

Bassian betritt durch eine Tür das Podest.

BASSIAN Komm, Titus, laß uns den toten Knaben
  zu seinen Brüdern in die Erde legen. So wie es
  Brauch und Sitte ist bei allen Menschen.
TITUS Bei allen Menschen? Du Narr! Die römische Sitte
  will ihn n i c h t in dieses Grab. Hier ruhen Krieger.
  Ruhmreiche Söhne Roms. Nicht zugänglich für
  einen kleinen Ungücksvogel, der im Familienstreit
  erschlagen wurde.
BASSIAN Unbarmherziger Soldat. Der Knabe, der seine
  Schwester vor dem jähzornigen Vater schützen wollte,
  hat mehr Mut bewiesen als mancher Kämpfer im Gefecht.
TITUS Schurke Schänder Scheusal! Tastest du die heilige
  Ruhe gefallener Krieger an? Begrabt ihn, wo ihr wollt.
  Nicht hier.
BASSIAN Du bist nur noch das Zucken einer rohen Wunde.
  Titus, höre mich: die Seele und das Wesen deines Kinds –
TITUS *in plötzlichem Stimmungswechsel* Komm mir nicht
  näher! Das ist der trübste Tag in meinem Leben.
  Mein Kaiser hat mir wehgetan. Legt den Mutius, meinen
  Jüngsten, in das Grab. Und mich dazu als nächsten.
BASSIAN *legt den toten Mutius in die Versenkung.*

Nun fand auch diese tapfere Seele ihre Ruhestätte.
Die fromm erfüllte Ordnung, so den Göttern sie gefällt,
verheißt uns ihren Schutz. Doch um von zuviel Schwermut
abzulenken, erkläre mir: wie konnte es geschehen,
daß eine Hergelaufene, deine Kriegsbeute,
die fremdländische Tamora, gefesselt und erniedrigt,
ihren Fall so unversehens in einen Aufstieg wendete?

TITUS Ich weiß es nicht, Bassian. Weiß nur, daß es mich traf –
unverhofft wie aus dem Hinterhalt.
Ob Plan, ob Willkür, verbirgt uns noch der Himmel.
Habt ihr – hat einer denn von euch vorausgewußt,
daß ich das weiße Kleid des Kandidaten verschmähen
würde?
Daß ich dem Sproß des letzten Kaisers ohne Wahl den Vor-
tritt ließe?
Ich wußte es selber nicht, ich tat's. Und daß er gleich darauf
meine Gunst mit Füßen trat und diese kalte Königin zu seiner Herrin wählte?
Das tat er nicht mit vorgefaßter Absicht. Woher trifft uns
soviel Plötzlichkeit?
Kommt sie vom Himmel oder aus der Hölle?
Was wir uns abgewonnen haben, das gebändigte Leben,
nach dem Vorbild uralter Römer, herrscht weiterum in
unserer Alltagswelt: Rechte Riten Regeln.
Bei uns erlangt die kleinste Geste würdige Bedeutung.
Ordnungsl u s t ist fast ein fleischliches Begehren. Doch
diese neuen Völker außerhalb, kaum gebändigt, kaum ge-
formt, sind noch Verbündete des Augenblicks, der schnell
sich wendet. Zu allem Unverhofften sind sie sehr begabt,
und ihre Seele ist ein Teil davon. Was uns überrascht und
lähmt, ist ihnen Elixier und Element. Was glaubst du, Bas-

23

sian, muß nicht die Fürstin mir, der sie hierher geschleppt
zu ihrem Glück, ein wenig mehr Erkenntlichkeit erweisen?
BASSIAN Sie wird es tun, verlaß dich drauf.
    Sie wird's dir reichlich lohnen. *Wechselt den Ton.*
    O Titus, reib dir Treu und Glauben aus den Augen!
SATURNIN *erscheint wieder auf der Galerie*
    Bassian, mein ungezogenes Brüderchen: auch Ihr gewannt
    in diesem raschen Wechselspiel eine Runde. Gott schenk
    Euch Freude an Eurer Braut.

*Lavinia tritt festlich gekleidet durch die Tür und begibt sich
zu Bassian.*

BASSIAN Und Euch an Eurer. Mehr sage ich nicht.
    Noch wünsche ich weniger. Darf ich gehen?
SATURNIN Gut gesagt. Kurzangebunden.
    Wenn ich bei Laune bin, will ich dir kontern.

Tamora ist hinter ihn getreten, legt die Hand auf seine Schulter.

TAMORA Tut, was ich sage, Prinz. Gebt etwas nach, laßt jetzt
    die Zügel locker. Alles weitere erkläre ich später, unter uns.
SATURNIN Ihr hört es, meine Herren. Die Kaiserin führt
    heute das Regiment. Vor allem über mich.
TAMORA Titus, ich bin nun Leib vom Leibe Roms.
    Bin anerkannte Römerin. Zu seinem Besten stets werde ich
    dem Kaiser raten. Doch heute ersterbe aller Streit, Andro-
    nicus. Denn meine höchste Ehre soll es sein, Euch Freunde
    wieder zu versöhnen.
    Für Euch, Bassian, gebe ich mein Wort dem Kaiser,
    daß Ihr in Zukunft sanfter seid und umgänglicher.

Auf denn, ihr Herren – auch du, Lavinia, folgt meinem Rat und kniet vor seiner Majestät. Bittet um Vergebung.

BASSIAN *kniet* Wir bitten um Vergebung. Und schwören hier vor Eurer Hoheit, daß wir so liebevoll gehandelt haben, wie wir konnten. Mit Rücksicht auf Lavinia. Und ihre Ehre.

TITUS Ich selbst beteure jedes Wort des Schwiegersohns.

SATURNIN Redet nicht so salbungsvoll. Mich ekeln eure Schwüre.
Will abgehen.

TAMORA Mein Herz, du bleibst. Dein Schlußwort bitte.

SATURNIN Ich vergebe diesen Männern ihre Schuld.
Tamora tu ich es zuliebe. Ein Tag der Liebe soll es werden. Steht nun auf.
Lavinia, du siehst ja blendend aus. Als Braut von meinem Bruder.
Ich will vergessen, daß du mir den Laufpaß gabst. Ich bin nun auch kein Junggeselle mehr. Kommt mit, mein Palast hat Platz für zwei Bräute.
Tamora weist Saturnin auf den noch knienden Titus.
Steh auf, Titus. Komm auf deine Füße.
Die Kaiserin hat sich durchgesetzt.

TITUS *erhebt sich* Dank, edler Fürst. Dank auch ihr, der Herrin. Dein Wort, mein Fürst, und deine Gnaden-Blicke, die heilsame Zeremonie geben mir den Hauch von neuem Leben ein.

SATURNIN Dann auf ein neues, alter Recke.

Alle ab. Tamora allein an der Brüstung der Galerie.

TAMORA Ich will sie alle morden mit der Zeit.
Ausrotten den Stamm und die Familie.

Eines Tages sollen sie erfahren, wie es ist,
wenn eine Königin im Staube liegt,
um Gnade fleht für ihren Sohn: vergebens.

II
Making-of

Tamora, Titus, Lavinia, Aaron, Saturnin und die Regisseurin auf dem zur Rampe vorgeschobenen Podest, jeder auf einem Stuhl, Licht auf die jeweils sprechende Person.

LAVINIA Vor kurzem traf ich eine alte Schulfreundin im Kaufhaus. Sie sagte, ich habe dich neulich in diesem verrückten Shakespeare gesehen. Im Fernsehen. Ich spreche von dieser abartigen Produktion, in der du das Mädchen spielst, das vergewaltigt wird. Und dem man die Zunge rausschneidet, mein Gott. Und später kommt dann noch sowas Grausames. Ich dachte zuerst, die senden ein Kannibalenvideo oder sowas zur besten Sendezeit, meine Kinder waren noch nicht zu Bett. Es war ja wirklich eine fiese Nummer. So brutal sind wir normalen Menschen gottseidank noch nicht. Noch nicht! Aber es ist eben eine Tragödie, sagte sie, die Leute leiden.

DIE REGISSEURIN Wir wollten nicht die übliche sex-and-crime-show. Wir wollten einfach nicht alles zeigen auf der Bühne. Wozu mit abgeschnittenen Kinderköpfen kegeln? Die Rache läuft leer in dem Stück, wir sind zu müde, viel zu abgestumpft gegen Gewalt. Das Blut schwappt über jede Schwelle, es spritzt über Tische, Pflaster, Mauern, Hände, na und? Es gibt Regisseurinnen, die schalten gleich so einen Filter davor, wodurch dann alles wie comedy aussieht. Die lassen das Unterirdische, das so ein Stück enthält, gar nicht erst an sich ran. Ich wollte aber nicht auf dem coolen Weg durch den Titus. Ich wollte rausfinden, was an diesen extremen Figuren letztlich doch menschlich ist. Was sie haben, im Extremen, das man auch bei sich selber findet. Natürlich weiß ich, daß wir auf diesem Weg nicht so weit gekommen sind, wie es mir vorschwebte.

TAMORA Ich spiele Tamora, die ja noch eine attraktive junge Frau ist, obwohl sie schon mehrere halbwüchsige Kinder hat. Für mich war aber viel wichtiger, daß sie, die eigentlich die Barbarin ist, auf lauter Römer trifft, die tatsächlich viel barbarischer sind als sie. Ich hatte ursprünglich gedacht, sie ist eine Fürstin, und sie sollte eine besonders schöne, gepflegte, altmodische Sprache sprechen, während die Römer letztlich nur eine Art Killerjargon von sich geben. Sie sollte eine reine Sprache sprechen. Ich meine, Rom ist ganz durch sich allein barbarisch geworden. Daran waren nicht die Völker schuld, die von außen eingedrungen sind. Rom war stolz darauf, daß es den Scheiterhaufen und das Menschenopfer abgeschafft hatte. Aber als ich hinkam, hatte es sich rebarbarisiert. Für mich war das Verführerischste an der Rolle, daß Tamora immer attraktiver wird, je mehr sie der Rachsucht verfällt. Immer mehr Leben, auch Sex, braucht sie, um diese Leidenschaft anzuheizen, und gleichzeitig verjüngt sie sich, die Rachsucht macht sie immer schöner.

AARON Es scheint so, als wäre ich ein Ausbund an Niedertracht und Intrigantentum. Dabei bin ich vor allem ein Freigeist, ein Ketzer oder besser gesagt: ein Kyniker, also ein Philosoph. Jemand, der von seiner Bosheit manchmal genug hat. Die Blutspäße genügen nicht mehr. Die Gewalt ist ein Naschwerk für müde Zuschauer. Das Böse ist schal und flach. Ich hatte ausgelernt, mich abgestrampelt an der Welt, bevor ich sie betrat.

Ich bin jemand, der sich auflehnt gegen den Bombast an religiösen Verrichtungen, Symbolen, Kulten, gegen diesen Bedeutungsplunder, ja, diese Gangräne von Bedeutungen, die den wachen Geist des Römers im zweiten, dritten nachchristlichen Jahrhundert schwächte und langsam zerfraß. Diese enge, reizbare, fanatische, launische Welt, die für einen freien Geist schier unerträglich ist.

TITUS Töten ist, als töte man gar nicht. Als schritte man durch sein Opfer wie durch ein offenes Tor. Das Opfer ist nur ein Phantom, mit dem man nie zuendekommt. So mag ich nicht töten. Ich habe nichts erledigt, wenn ich's hinter mir habe.

TAMORA Warum tust du's dann? Laß es sein.

TITUS Mir fehlt die Schlacht. Ich bleib zuhaus und koche gern. Ich habe da was Kleines für euch vorbereitet ... Wachteln auf Wirsingpüree, hmm! ...

Ordnung! Regeln! Formationen! Gefechte, keine Finten, keine Coups und keine Hinterhalte.

Keine Anschläge. Ich ertrage nicht das Unplanmäßige. In mir, Titus, fallen alle Meßgeräte aus, wenn niemand sich an feste Regeln hält. Es macht mich wild.

Lavinia gehört ins Herrscherhaus. So ist das in der Ordnung. Anders ist – die Ordnung abgeschafft. Und ich begreife nicht mehr, was ich tue. Ertrag es nicht und werde wild.

SATURNIN Das Unerträgliche ertragen, macht Witzfiguren aus uns allen. Jeden Abend Krieg begaffen, Schrecken schlecken, macht uns zu Hampelmännern vor der Weltgeschichte. Nicht mal mehr zu Amokläufern oder wenigstens Irrsinnigen. Der Wahnsinn verschont uns nur, weil in uns kein Sinn mehr zu verwirren ist. Weil uns ein Erregungspotential, wie es zum Beispiel der arme General Titus noch besitzt, vollkommen abhanden kam.

Als Rex fehlt mir der sichere Instinkt. Saturnin ist ja nicht dumm. Er ist nicht weibisch. Nicht mal intrigant. Er will provozieren, gehorcht seinen Launen, hintergeht die alten Formen. Das ist aber auch der Grund, weshalb er den Stil der öffentlichen Rede nicht beherrscht.

Er ist ein neuer Geist und er ist ein Stümper. Ich werde versuchen, ihn nicht lächerlich zu machen.

DIE REGISSEURIN Ich dachte auf den Proben oft: das schaffst du nie, du packst es nicht.

Ich stand von einem Tag zum anderen – leer und totenbleich vor diesem Stück.

Ich hätte mich darüber hinwegsetzen können, mit ein paar sicheren Tricks, wie ich das früher manchmal getan habe, wenn ich in der Klemme steckte oder mir die Puste ausging. Aber jetzt war es auf einmal, als stünde ich gelähmt in einem Dom, einer mittelalterlichen Kathedrale, und jeder einzelne Baustein verwirrte mich mit seiner Schönheit, aber ich hatte den Sinn für die Macht des ganzen Bauwerks verloren. Das Werk sprach zu mir in einer Sprache, die ich nicht verstand, und ich konnte keine Antwort geben, indem ich's inszenierte.

LAVINIA Eines Tages kam Monica, unsere Regisseurin, nicht zur Probe. Stattdessen ging sie zum Frisör. Bis dahin war sie ein gekreppter Wuschelkopf. Als sie wiederkam, war alles ab, die Mähne kurzgeschoren, Schnittlauchschnitt. Sie trug ein Samtband um den Schädel, mit Straßbrosche vorn, und an beiden Seiten, auf den Schläfen, steckten lange Eselsohren. Uns war klar: wir fangen noch mal ganz von vorne an. Wir schmissen alles weg, was wir bis dahin probiert hatten.

TAMORA *springt auf vom Stuhl; indem sie mit dem Text »trai-niert«, sich wieder für die Rolle in Stimmung bringt.*
Glück gehabt, Tamora! Ich hab's geschafft! Ich stehe da, wo Tausende an meiner Stelle stehen möchten. Jetzt steh ich aber da und laß niemanden an meinen Platz. Ich habe genug mit mir machen lassen. Ich bin auf Platz eins. Ich bin noch jung. Ich sehe gut aus. Ich habe was in den Beinen. Ich habe was im Kopf. Ich habe die Kraft. Ich habe die Ausdauer. Ich habe das Polster. Was noch? Ja, ich habe das Polster, Stoßdämfer, irre Reserven. Ich bin wer. Ich kann's mir leisten. Ich steh noch lange da. Was noch? *leise* Glück gehabt!

III
Schändung

Gleitender Übergang. Aaron folgt Tamora, die mit ihrer
»Einstimmung« das Podest verläßt und sich einem angedeu-
teten Eiben-Gebüsch nähert.

AARON Nun, Aaron, rüste dein Herz, schärf dein Denken.
Daß du die Stufen nicht versäumst, die schnell die Kaiserin
ersteigt zu neuen Gipfeln. Dir hilft: sie ist 'ne Frau und ohne
Rücksicht auf ihr Amt nur Frau. Du selbst hast sie einst im
Triumph erobert und sie zur Sklavin ihres Lasters abgerich-
tet. Herrscherin, die doch in Ketten liegt. Gefangene der
Liebe oder mindestens der Liebesspiele. An meine schwarze
Haut fester geschmiedet als Prometheus an den Kaukasus.

TAMORA Was murmelst du, mein Herzensbrecher?
Warum so lustlos heute? Du rührst dich nicht, du starrst
und läßt mich warten.

AARON Fürstin: gibt Euch denn Venus keine Stunde frei?
Mich fesselt heute Saturn mit finsteren Gedanken.
Was wäre nicht bedeutungslos? Die Sterne und die Siege
sind's, die Frauen und die Schurken, das Reich, der Himmel und das ganze Leben: eine Woge von Bedeutungslosig-
keit begräbt den weiten Erdkreis unter sich.
Alles ist uninteressant.

TAMORA Mein lieber Wüstling, versinke nicht in Traurigkeit.
Die Vögel singen hell im Busch. Das Laub wirft zitternd
seinen Schatten auf den Boden. Sogar die Schlange sonnt
sich auf dem Stein. Wie kann ein Mensch, von soviel Lust
umgeben, selber keine haben?

AARON Ich verspüre heute einen betrüblichen Mangel an Bosheit. Bei mangelnder Bosheit mangelt's mir an Einfallskraft, die ich für eine anständige Begattung benötige.

TAMORA Vergißt du, was uns treibt, seit wir in Rom regieren? Hat nicht der Rachedurst uns stärker angespornt als jeder Liebestrank?
Den Titus auszurotten und sein elendes Geschlecht,
hat uns berauscht und unsere Lust erfrischt. Komm, dunkler Mann, hier unterm Eiben-Busch sind wir geheim und verschwören uns aufs neue. Komm schnell, der Furor steigt, die Adern brennen, ich bin bedürftig nach deiner schwarzen Zärtlichkeit.
Beide hinter den Busch.

AARON Nur zu, vorwärts, altes Kampfgespann! Hier kommt dein Wagenlenker, Fürstin, der hinterm Rad des Titus' Leiche schleift.

TAMORA Gönn dir Geduld, Geliebter! Er soll noch lange grausam leiden.

Von der Seite kommen Bassian und Lavinia.

LAVINIA Sahst du den Sänftenträger, der mich hergebracht, den goldbraunen Muskelmann? Ich fand in seinen Augen etwas Schlierig-Liederliches, wenn er mir half beim Einsteigen.

BASSIAN Wenn er dir half? Was tat er?

LAVINIA Er berührte mich am Ellenbogen, bevor ich ihn darum bitten mußte.

BASSIAN Und du? Hast du ihm ein Entgegenkommen gezeigt?

LAVINIA Nein. Er war mir ja zuvorgekommen. Beim Einsteigen: schlierige Zuvorkommenheit.

BASSIAN Wenn du das Kleid anhobst.

LAVINIA Ich zog es eher straff, bevor ich auf das Polster sank.

BASSIAN So daß er deinen festen Umriß sah.

LAVINIA Und gar nicht anders denken konnte als:
Jetzt setzt sie sich auf ihre prallen Hinterbacken!
Obgleich er nicht davon zu flüstern wagte.

BASSIAN Geschweige denn zu hoffen, daß er die Hügel
je bewandern dürfte. Der arme Sänftenträger.
Wieviel näher bin ich ihnen!

LAVINIA Aufschub bei der Reise erfindet neuen Zeitvertreib.

BASSIAN So eine Hochzeit ist ein Werk von anspruchsvollen
Formen. Die Nacht vor allem verlangt Geschick. Wir sollten sie am Tage einmal üben.

LAVINIA Was für ein Bündel schmutziger Wäsche hängt da im
Gebüsch?

BASSIAN *erblickt hinter dem Busch Tamora und Aaron*
Mir schwimmen Fische vor den Augen! Der Mohr bockt
unsere Kaiserin.
Was tut ihr da? Zur brünstigen Erschöpfung jagt der Trei-
ber seine Beute, jedoch sehr abgesondert von der Jagdge-
sellschaft.
Er wirft das Bündel Kleider hinter den Busch.

TAMORA Du, Schwager, siehst mir zu und räusperst dich
nicht mal?
Beschaust dir heimlich deines Brudes Frau, wenn
sie unschuldig schläfrig in der Sonne badet?

AARON Die Schwägerin war's wohl nicht. Diana hat er auf-
gelauert. Ihre wilden Hunde sollten ihn zu Tode hetzen.

LAVINIA Diana seid Ihr? So weiß wie Schnee?

Doch hat der schwarze Mann ein wenig abgefärbt
auf Eure Haut.

TAMORA Du scheele Gafferin und neidverklemmtes Aas!

LAVINIA *zerfahren und heftig* Man kann alles kaputtma-
chen, hörst du? Alles.

Das große römische Reich ein Trümmerhaufen.

'ne liebestolle Streunerin klettert auf den Thron.

Und oben angekommen, klettert sie auf einen geilen Mohr.

Die treibt's hinauf zu schwindelnden Höhen.

Die schafft das. Die saugt sich fest. Wie ein Blutegel. Die
gibt es also, die verschlagene Hure, die gibt's. Da steht sie.

Und regiert die Welt.

Moment ...! Ich bin da sehr empfindlich. Irgend etwas
stört hier meinen Ordnungssinn.

Ich muß es ganz behutsam buchstabieren, Scheußlichkeit
für Scheußlichkeit, damit ich's auch begreife. Und noch
einmal das Ganze, umgekehrt: der geile Mohr bespringt im
Wald die Fürstin. Du hattest schon mal einen. Oder ist's
derselbe? Ich bin da sehr empfindlich.

BASSIAN Dem Kaiser, meinem Bruder, muß ich den Betrug
berichten. Ein Herrscher darf in seiner Ehre keiner Täu-
schung unterliegen.

LAVINIA Ich habe dir, Barbarenschlampe, den Weg nach oben
freigegeben! Du wärst von selbst, die staubige Beute meines
Vaters, niemals so schwindelnd hoch gekommen.

TAMORA Dich hat der Kaiser nur zum Schein gewählt.

Und wider seinen Willen aus Vernunft. Die reichte nicht,
er wollte ja ein Weib. Und keine heuchlerische Streberin.

LAVINIA Streberin?

TAMORA Er hat dich fallen lassen.

LAVINIA *schreit* Fallen lassen? ... Fallen lassen?

Du fielst eben tief und klatschend fiel auf dich der schwarze
Kot!

BASSIAN Ich muß es meinem Kaiser melden …

Chiron und Demetrius treten auf.

DEMETRIUS Verehrte Kaiserin, geliebte Mutter –
Droht jemand Euch? Wer hat geschrien?

TAMORA Ich schreie nicht. Die schrille Jungfrau lärmt im
Wald.
Wir liegen hier, der treue Aaron auf dem Fels, ich gezie-
mend weit von ihm im Moos vor diesem Busch. Wir sonnen
uns, erschöpft nach stundenlanger Jagd, wir ruhen unbe-
kleidet aus. Da kommen diese zwei und suchen gierig ein
Versteck, wo sie vor ihrer Hochzeit, stößig, rauschig wie die
Tiere, sich wälzen können.
Ich wache auf von ihrem Seufzen, ich blinzle in die Sonne
und erkenne meinen Schwager Bassian, der tüchtig nach-
hilft seinem Liebesdrang, indem er heimlich schielt nach
meiner unbedeckten Haut.
Der Anblick schien ihm mehr zu bieten als sein eckiges
Mädchen.

BASSIAN Metze! Ekelmaul und Lügenkröte! … Du blub-
bernde Kloake, schweig!

TAMORA Ihr hört, wie sich ein römischer Prinz vergessen
kann.
Laßt ihr noch länger eure Mutter so widerlich beschimpfen?

DEMETRIUS Ich weiß ein sicheres Mittel, Prinz, Euch Er-
leichterung zu verschaffen von Eurer peinlichen Man-
nesstarre. Die ewige Ruhe wird erholsam sein für deine
Röhre.

36

Er ersticht den Bassian. Chiron sticht nach.

LAVINIA Himmel! Was tut ihr? ... Nein! Hilfe! Bassian! Steh wieder auf.

So geht es nicht. So schnell kann's nicht vorüber sein.

Mein Liebster, steh wieder auf, komm auf die Beine!

Sie läßt den Leichnam zur Erde sinken. Zu Chiron

Stich weiter, Kleiner! ... Bassian, warte noch einen Augenblick! Ich komme gleich.

Stich zu, du Hosennässer. Verdrecktes Wickelkind. Du läßt mich doch nicht übrig, wie? Tu's schnell. Mein Herz verblutet schon. Gib mir den Gnadenstoß, Daumenlutscher.

TAMORA Ich habe die ruhigere Hand.

Gib mir den Dolch, mein Sohn.

AARON Nein, wartet, Kaiserin, nicht so umstandslos und hastig. Die jungen Männer wollen erst ihr gutes Vorrecht nutzen. Chiron und Demetrius haben Anspruch auf eine lustvolle Verzögerung. Einer nach dem anderen. Es möge ihnen ein Vergnügen sein, die Braut einige Male von ihrem Treueschwur zu entbinden.

DEMETRIUS Stammt aus deinem Wortschatz nicht der Spruch: Erst drescht das Korn und dann verbrennt das Stroh?

LAVINIA Genügt es nicht, wenn ich mein Leben biete, um meine Treue zu Bassian zu retten?

TAMORA Schont sie nicht, ihr Knaben.

Macht, was ihr wollt, mit ihr.

Je schlimmer, um so besser.

LAVINIA War's nicht mein Vater, der d i c h schonte? Er gab dich frei, bewahrte dich vorm sicheren Tod.

TAMORA Dein Vater? Den nennst du mir?

Den tiefsten Grund, den Ursprung römischer Grausamkeit? Um seinetwillen kann ich ich keine Gnade kennen.

Hast du vergessen, wie elend ich auf Knien lag
und flehte um das Leben des Alarbus?
Meine Söhne! Rächt euren Bruder. Verwüstet sie nach Män-
nerlust.
LAVINIA O gütiger Himmel, Tamora, befiehl, daß sie mich
ohne Schmach erledigen. Du bist doch eine Frau,
laß es nicht zu, daß sie mörderischer mit mir sind
als Mörder.
TAMORA Ich will sie nicht mehr hören!
DEMETRIUS He, Chiron, nicht so tapsig, junger Spunt!
Eine Frau ist keine Knetmasse. Sie wünscht sich
eine formvollendete Behandlung. Wie wär's, wenn du
beginnst, ihr sanft den Nacken zu kitzeln mit der Messer-
spitze?
So tut's gut, nicht wahr?
LAVINIA Tamora: läßt du das zu?
Keine Frau mehr bist du, nur noch Vieh!
Ein Schandmal für die Frauen aller Zeiten!
TAMORA *brüllt* Stopft ihr doch endlich das gemeine Maul!

*Lavinia wird von Demetrius an den Händen gefesselt und
geknebelt.*

DEMETRIUS So, mein kleiner Bruder, setz nun das Messer
unter ihre Achsel und an den Weichen abwärts trenn ihr
Kleid bis an die Knie. Paß auf. Tu ihr nicht weh.
AARON Laßt euch Zeit und steigert den Genuß.
Legt eure Beute auf den toten Bräutigam.
Auf seinem Rücken streckt sie aus, wenn ihr sie fleddert.
Der Leichnam soll ihr Ruhekissen sein.
So wird's ein hochverfeinertes Vergnügen.

TAMORA Komm, Aaron, der Akt der Rache, der nun folgt,
dient uns zu neuer Lust. Nie wird die Freude mit dir
größer sein als zu dem selben Zeitpunkt,
da meine Söhne die Lavinia schänden.

IV
Bildbeschreibung

Ermittler/Saturnin und Probandin/Die Regisseurin sitzend.
Er reicht ihr einen Umschlag mit großformatigen Fotos, die sie
hervorholt.

ERMITTLER Was sehen Sie?

PROBANDIN Stellungen. Mann und Frau. Küsse.

ERMITTLER Und weiter?

PROBANDIN Beide auf den Knien voreinander. Sie nimmt seinen Schniedelwutz in den –

ERMITTLER Benutzen Sie andere Worte.

PROBANDIN Brutale Ausdrücke benutze ich nicht.

ERMITTLER Gut. Erkennen Sie die Frau?

PROBANDIN Ja. Ich bin es.

ERMITTLER Und den Mann?

PROBANDIN Den kenne ich nicht.

ERMITTLER Gut. Vielleicht können Sie sein Gesicht nicht erkennen. Oder haben es vergessen.

PROBANDIN Ich habe so etwas noch nie mit einem Fremden
gemacht.

ERMITTLER Weiter. Was sehen Sie noch?

PROBANDIN Wie du mir so ich dir. Drunter und drüber.

ERMITTLER Benutzen Sie die passenden Worte.
Ich nehme an, bestimmte Formen werden eingehalten.

PROBANDIN Vorbereitende Handlung.

ERMITTLER Und was sehen Sie auf diesem Bild?

PROBANDIN Zwei Männer gehen mit mir durch eine Ein-
kaufspassage. Ich bin nackt.

ERMITTLER Was noch?

PROBANDIN Mir hängt etwas um den Hals. Sieht aus wie eine Blumenkette.

ERMITTLER Sehen Sie genauer hin.

PROBANDIN Nein. Es ist eine Kette von rohen Fischen. Die hängt mir um den Hals.

ERMITTLER Können Sie sich vorstellen, daß das seinen Sinn hat?

PROBANDIN Ich kann es mir vorstellen. Aber welchen?

ERMITTLER Was sehen Sie hier?

PROBANDIN Darüber möchte ich nicht reden.

ERMITTLER Versuchen Sie es. Sie sollten es versuchen.

PROBANDIN Der eine Mann hat. Schwer zu sagen. Sieht aus wie ein Dosendeckel.

Aufgerissene Dose. Katzennahrung.

ERMITTLER Was tut er?

PROBANDIN Er schneidet. *Schluckt*. Er schneidet mir. Mit dem Dosendeckel. Die Zunge aus dem Hals.

ERMITTLER Das nächste Bild. Beschreiben Sie.

PROBANDIN Ich bin auf den Rücken eines Mannes festgebunden.

O Gott, nein.

ERMITTLER Die Männer – was tun sie?

PROBANDIN Sie machen mir meine Tulpe kaputt.

ERMITTLER Sprechen Sie eine andere Sprache.

PROBANDIN Sie verstümmeln meine Vagina.

ERMITTLER Alle Fotos stammen aus der vergangenen Nacht. Die beiden Männer haben Sie offenbar nur einmal flüchtig gesehen. Möglicherweise am Vormittag. Sie kamen Ihnen aus der Apotheke entgegen.

PROBANDIN Ich erinnere mich nicht.

ERMITTLER Ich überlasse Ihnen die Fotos. Die Originale befinden sich ohnehin in Ihrem Besitz.

Sie lagern in den grauen Zellen Ihrer Großhirnrinde. Jemand hat Sie angezapft. Offensichtlich hat er Zugriff auf Ihre neuronalen Speicherplätze. Ich will Sie nicht erpressen. Ich habe keines dieser Bilder selbst gesehen. Sie haben sie mir beschrieben. Das genügt mir. Sie halten nun einige Bilder der letzten Nacht in Ihren Händen. Was fühlen Sie?

PROBANDIN Nichts. Ich empfinde nichts dabei. Es sind abstruse Phantasien. Albträume. So etwas kann jedem passieren. In jeder Nacht. Auf jedem Kissen.

ERMITTLER Machen Sie damit, was Sie wollen. Ich empfehle Ihnen, die Fotos nicht zu zerreißen.

PROBANDIN Es sind Bilder ... einer bestialischen Entartung. Wie soll ich damit leben?

V
Lavinia, Torso

Demetrius und Chiron führen die verstümmelte Lavinia.

DEMETRIUS Junge Frau (das bist du jetzt), erzähl uns doch
einmal, was heute nacht dir Unerhörtes-Niegeahntes zuge-
stoßen ist?
Wie sagst du? Ich versteh dich nicht.
Quak, quak, quak.
CHIRON Hier hast du deine Zunge wieder!
Ich stecke sie zwischen deine Zähne. Beiß nur.
Beiß dir auf die Zunge.
DEMETRIUS Wenn du nicht sprechen kannst, dann schreib
uns auf, wer mit dir Hochzeit feierte? Wie? Du kannst den
Stift nicht halten?
Ach, ach. Die Arme nur zwei stumpfe Stummel.
Auch fehlen dir die süßen kleinen Hände.
Nicht mal mit den Fingern kann sie sprechen.
CHIRON Noch kann sie zucken zeigen zischen.
DEMETRIUS Du blutverschmiertes Gör! Blutiges Haar und
blutige Hose. Nun ab nach Haus, und wasch dich gründlich
– ohne Hände.
CHIRON Hätte jemand mich so zugerichtet, ich nähme
lieber diesen Strick und hing mich auf am nächsten Baum.
Er wirft ihr ihre Fessel zu.
DEMETRIUS Laß sie nur gehen. Sie richtet keinen Schaden an.
Sie ist ganz lieb und still.

Die beiden verschwinden. Lavinia nähert sich schleppend dem Knaben Lukas, der in der Nähe des Bühnenportals auf seinem Stühlchen sitzt.

Der Knabe Wer bist du? Bist du nicht Lavinia?
Lavinia nickt mit dem Kopf.
Der Knabe Wie siehst du aus? Willst du mit mir spielen?
Hast du dich als Gespenst verkleidet?
Willst du mich erschrecken?
Lavinia schüttelt den Kopf.

Von der Seite tritt Titus auf und beobachtet die beiden.

Der Knabe Komm her. Ich habe einen Kamm in der Tasche.
Soll ich dich frisieren?
Lavinia geht näher auf den Knaben zu.
Titus Bleib stehen, Lavinia.
Der Knabe Lavinia. War das nicht deine Tochter?
Titus Schwachsinniger Knabe. Sie steht doch vor dir.
Was senkst du deinen Blick? Schau sie doch an!
Der Knabe Ich trau mich nicht.
Titus Dreh dich zu deinem Vater um. Laß dich anschauen.
So. Jetzt seh ich dich. So, so. Etwas fehlt in meinem Blick.
Mir ist, als ob du keine Hände hättest. Eine Augenschwä-
che muß es sein.
Der Knabe Nein, Onkel Titus: sie hat ja keine Hände an den
Armen! Und sprechen kann sie auch nicht mehr.
Titus Du vorlauter Fratz! Hör auf zu plappern.
Was soll sie denn auch sprechen?
Sie braucht in meinen Armen keine Worte.
Lavinia, Kind! Was streifst du auch allein durch diese Öde?
Versteckst du dich vor deinem Vater im Gebüsch?

Lavinia schmiegt sich dem Titus in die Arme.

TITUS Lebtest du nicht heil und unversehrt im Dunkeln meiner Seele, dein äußerer Anblick, Kind, müßte mich zum Wahnsinn treiben.
Flüstert aus tiefem Grimm
Wer war's, Lavinia? Sag mir: wer war's?
Da weinst du nun. Hast keine Hände, um die Tränen abzuwischen.
Und kannst es auch nicht sagen. Weine nicht auf meine Füße.
Sie setzen sich beide auf einen Felsbrocken.
Nun stell dir vor, wir beide sitzen hoch auf einer schroffen Klippe.
Vielleicht auch auf dem Gipfel unserer Schmerzen.
Da unten tobt ein gütiges und wildes Meer. Die Woge brandet an den Fels, die Flut hebt sie empor, die nächste Welle reißt uns mit, begräbt uns in der rohen See. Was soll ich tun, mein Kind?
Mit dir fallen und dich halten, bis uns das Meer verschlingt?
Wie? Du schüttelst den Kopf? Du willst noch leben – so?
Vielleicht möchtest du, daß ich mir meine Arme auch begradige.
Und sie verkürze um zwei unhandliche Hände. Damit wir gleich zu gleich uns stupsend trösten können. Gut, gut.
Schluß mit dem Handhaben. Gehandhabt wird nichts mehr.
Wozu halte ich noch mein Schwert? Ich habe genug gefochten für das verdammte Rom. Es war umsonst. Zu viele tückische Tiger schleichen jetzt in dieser Wüstenei: Rom!
Ich geh und hol die Axt …

Wie? Du schüttelst den Kopf? Ganz allein kann ich's nicht tun. Und du kannst ja das Beil nicht halten. *Flüstert wieder* Wer war's? Sag mir: wer war's, Lavinia?

Nun schweigst du immerzu, mein Kind.

Wenn du keuchen kannst, dann keuch den Namen.

Und schluchz und ächz und gurgle ihn. Ich verstehe meine Tochter. Mach nur den Mund ein wenig auf! *Er brüllt* Mach den Mund auf!

Wer war's?! *Leise* Mein stolzes Reh, wer war's, so grausam wundgeschlagen, wer war's?

Halt an dich, alter Grobian, und brüll nicht so. Hast du statt dessen keine Tränen? Ausgequetscht, der trockene Schädel, bis auf den letzten Tropfen.

Hab alles ausgegeben. Wann endet dieser fürchterliche Schlaf?

Ich weiß genau, wann er begann. Den Zeitpunkt, da ich einschlief, kenne ich. Es war, als ich den weißen Mantel weitergab und meinte, ein kluger Einfall sei's, die Kaiserwürde abzulehnen.

O die verfluchte Plötzlichkeit, mit der ich falsch entschied! Hätte i c h den Thron bestiegen, dann herrschte jetzt in Rom die alte Ehrlichkeit. *Leise* Sitten Riten Formen Bräuche.

Alles wäre festgefügt an seinem Platz und jedes einzelne Leben sicher und beschützt. Das Lose, wenn es immer loser wird, entbindet jeden Menschen bald vom anderen, es nährt das Mißtrauen und die Niedertracht.

Was willst du, mein Kind? Willst du knien mit mir? Wir sollen beten!

Was beten wir? Rache Rache Rache. Nicht sehr fromm gebetet.

Der Himmel über uns, er weiß, wer's war. Er wird wohl
Mitleid mit uns haben und es irgendwann verraten.
Die Sonne geht im Blutschwall auf und blutig unter. Was
soll man Besseres von ihr erflehen als blutige Rache?
Lavinia schüttelt den Kopf.
Du schüttelst den Kopf? Was denn sonst?

VI
Der kleine Bruder

CHIRON Aaron, wo ist mein Bruder?

AARON Niemand sah ihn in der Stadt seit eurem Abenteuer.
Nicht im Palast, nicht auf den Festgeländen Roms.
Mag sein, die grause Angst hat ihn gepackt und er entfloh.

CHIRON Er wollte sie zerstören. Ich nicht. Er hat mich ausge-
nutzt. Ich weiß nicht mehr, wie es geschah. Weiß nur, daß
Demetrius jedesmal der erste war. Ich weiß nichts mehr. Ich
hab's nur nachgemacht, wie es der kleine Bruder immer tut,
dem älteren hinterher. Er hat sich abgesetzt. Aus Angst vor
Titus' Rache. Er hat mich feig allein gelassen.

AARON Lavinias Laube aufgebrochen und geplündert.
Ihr Zunge und Hände abgeschnitten. Das war ein Akt
wahrhaftig von einschneidender Wirkung.

CHIRON Unversehens um jede Ecke kann der Häscher kommen, der an mir Vergeltung übt. Wenn ich im Spiegel
meine Augen sehe, sind sie voll Blut.
Was ich höre, wenn irgendwo ein Mädchen spricht,
ist ihr – i h r Schreien. Meine Angst käut ihr Entsetzen wider, alles Grauen floh aus ihren Augen in die meinen.

AARON Du könntest dich bei ihr entschuldigen.

CHIRON Entschuldigen? Wie sollte eine solche Tat Vergebung finden?

AARON Sei klug, mein Junge. Geh zu Lavinia, sink auf deine
Knie.
Was von ihr übrigblieb, ist immer noch ein Frauenleib,
der wünscht und träumt und schmachtet. Welcher Mann
würde sich jetzt noch an ihrem Rumpf erfreuen? Dich aber

48

könnte es retten. Derselbe Männerdrang, der sie zerstörte, muß jetzt zu deiner Sühne dienen.

CHIRON Wo ist mein Bruder? Ich bin ein Nichts. Ohne Demetrius. Allein kann ich nichts denken. Ich habe ja nur mitgemacht.

Er will bestimmt nicht büßen. Er ist von Grund auf schlecht.

AARON Du büßt am allerbekömmlichsten für dich allein – wenn du in sie, wie sie jetzt ist, noch einmal dringst.

CHIRON Wo ist sie? Was tut sie? Wie lebt sie?

AARON Oh, sie ist ein wenig putzig geworden. Sehr häuslich und bescheiden. Pflegt den Familiensinn und deckt den Mittagstisch. Übt sich geschickt mit beiden Armprothesen. Der Vater kocht, sie gießt die Zimmerpflanzen. Manchmal wäscht sie seine Hose oder spielt mit ihrem kleinen Vetter. Jedoch ein prächtiger Bursche, einer wie du, könnte sie bestimmt erlösen, sie wachküssen aus ihrem Hausfrauenschlaf.

CHIRON Ich werfe mich zu ihren Füßen. Ich kann ihr Arbeit abnehmen.

Ihr Strafe will ich demütig empfangen. Sie mag mich quälen, foltern, schikanieren –

Aber ich kann sie doch nicht küssen!

AARON Du kannst sie lieben, ohne sie zu lieben.

Kannst ihr gefällig sein, ohne daß sie dir gefällt.

Das ist der Weg, den hier der Büßer geht –

nur so vermeidest du den Anschlag auf dich selbst

und alles weitere Blutvergießen.

VII
Häusliche Szene (1)

*Lavinia mit silberglänzenden Prothesen an beiden Armen,
die wie lange Handschuhe aussehen. Neben ihr Monica, ihre
Dolmetscherin. Der Knabe Lukas am Tisch, in einem dicken
Folianten lesend.*
*Lavinia liest röchelnd unverständlich aus den Ovidschen
»Metamorphosen«.*

TITUS Du liest zu schnell, Lavinia. Die Hast verdirbt die ein-
zelnen Laute, die du langsam formen mußt. Du hast nur
Kehle und den leeren Rachen.
Nun sei nicht gleich gekränkt, mein Kind. Du hörst ja
deine eigene Stimme nicht.
Du liest zu schnell. Lies einmal Wort für Wort. Forme jeden
Laut.
*Lavinia reißt Seiten aus dem Buch und läßt sie zu Boden
schweben.*
Was tust du da? Zerreißt meine kostbaren alten Bücher?
Hör auf damit! Jetzt wird sie wieder toll und unverschämt.
DER KNABE Du sollst nicht dauernd mit ihr schimpfen, On-
kel. Sie meint vielleicht etwas damit. Die Seiten reißt sie aus
dem Buch, wie man ihr Kleider riß vom Leib.
TITUS Rede nicht, du Wicht! Frühreifes Früchtchen!
Zu Lavinia
Lies doch nicht alle Tage die gleiche Stelle im Ovid.
Laß dich erheitern von Komödiendichtern.
Du lachst zu wenig, Kind. Zum Lachen braucht man keine
Zunge.

Und jedermann versteht dein Lachen. Oder gar ein Lächeln mit geschlossenen Lippen, es macht dich allen anderen hübschen Mädchen gleich. Und wirkt verführerisch. Nein, halt, ich habe mich versprochen. Ich meine, klug und wissend kann man lächeln, vielversprechend auch im Geist.

Lavinia keucht und stammelt rasch.
Monica übersetzt ungerührt wie eine Simultandolmetscherin.

MONICA Soll ich lächeln über meine starren Hände aus Metall?
  Soll ich lächeln über mein kaputtes Maul?
  Oder möchtest du vielleicht, daß ich dich selbst,
  den einzigen Mann in meiner Welt, verführerisch belächle?
TITUS Die böse Zunge hat sie erst, seitdem sie keine hat.
MONICA Du tust mir weh.
TITUS Dir selber tust du weh.
  Sie ist besessen nur von Schändung und Gewalt.
  Dieselbe Greueltat sucht sie in den Büchern.
  Lukretia, Philomele, wie sie alle heißen, abgebildet
  und im Vers geschildert, eingelegt in Kunst.
MONICA Die Kunst versteht mich besser als mein Vater.
  Sie kräftigt mich und tröstet. Du alter Haudegen
  knurrst nur düster vor dich hin.
TITUS *zu Monica*
  Sagst du auch wirklich, was meine Tochter sagt?
MONICA Du siehst doch, daß ich einverstanden bin.
  Ich nicke. Ich lächle sogar liebevoll, mein Vater,
  wie du mir befohlen hast.
TITUS Ihr rätselhaften Zwei! Heillose Doppelsphinx!

Ich leide. Nach all der Furchtbarkeit der Schmach
nun noch dies hirnzerspaltende Gespann:
Lavinia und ihr Schatten. Die Tochter und
ihr Tragemund.

MONICA Klag nicht so zufrieden. Du könntest ruhig
ein wenig liebevoller mit mir sprechen.

TITUS Da! Sie hat doch gar nichts gesagt!
Dein Dolmetsch spricht, bevor du den Mund aufmachst!
Kann sie Gedanken lesen?

*Monica nimmt ihre Mappe, kreuzt auf einem Formular einige
Felder an und steht dann auf.*

MONICA Es ist spät. Ich muß gehen. Zwei Märtyrer, mit halb
durchtrennter Kehle, von Römern massakriert, warten
noch auf meine Stimme. Leb wohl, Lavinia, allerliebste.
Nein, nicht traurig sein. Ich komme morgen wieder. Ja, ja.
Zur gleichen Stunde.
Zu Titus
Seid ein wenig rücksichtsvoll. Und nicht zu streng. Lest ihr
was vor aus dem Äsop.

TITUS Sag, Monica: du kannst die Stumme hören?

MONICA Ich spreche für Lavinia.
Sie geht ab.

TITUS *zu Lavinia* War alles richtig, was sie sagte?
Wort für Wort nach deinem Sinn?

Lavinia nickt.

TITUS So, so. Das hast du alles ganz genau so sagen wollen.
Dann hast du mich sehr schlecht behandelt, Kind.
Fang nur nicht an zu wimmern. Jetzt bist du wieder
klein und jämmerlich, wie? Die Stimme ist gegangen.

Du hast mich bös herabgesetzt vor ihr. Ich könnte dich bestrafen, Kind. Wär ich nicht selbst so grauenvoll bestraft mit dir. Haudegen nennst du mich nie wieder!

VIII
Briefe an den Himmel

Tamora im Bett. Chiron neben ihr. Eventuell Die Mutter des Lukas als Amme verkleidet.

TAMORA Die Kaiserin liegt in den Wehen,
doch zittern sehe ich neben mir den jüngsten Sohn,
der schön gebaut und kräftig ist.
Ich bringe ein Kind zur Welt, ich hätte ein Recht zu zittern.
Und richtig wäre, du hieltest meine Hand und ich nicht
deine.

CHIRON Ein böser Dämon zwingt mich zu ihr.
Ich muß mein Opfer wiedersehen und Buße tun,
indem ich's liebe. Wäre nur Demetrius hier, er hielte mich
zurück. Denn er ist stärker als der Dämon.

TAMORA Dein Bruder hielt die Zeit für reif, in fremden Län-
dern für das neue Kaiserreich zu werben, die Gesinnung
unserer Feinde zu beschwichtigen.

CHIRON Nein, Mutter, Rachegeister peitschen ihn
von Ort zu Ort. Ruhlos schweift er durch die Länder.
Unterdessen lernt Lavinia die Zeichen und die Laute wieder, sie wird uns bald verraten können.

TAMORA Was hat es mit der kleinen Hure auf sich,
daß du unablässig an sie denkst?
Geh endlich hin, zerstör das Püppchen ganz,
damit von ihm nichts übrig bleibt als stumme Scherben.

CHIRON Ich zittre nicht, weil ich mich fürchte, sie zu töten.
Ich zittre nur, weil ich mich fürchte, sie zu lieben.

TAMORA Sie lieben? Hat sich in dir das Unterste ins Oberste
verkehrt?

Willst du ein Krüppelweib bespringen? 'ne Zungenlose küssen?
Bist du kein Mann?!

Saturnin tritt auf. Eine Handvoll Pfeile hoch haltend. Chiron verzieht sich.

SATURNIN Pfeile fallen in den Garten des Palasts.
Vor dem Tor schießt Titus kleine Briefe in den Himmel.
Den römischen Kaiser anzuschwärzen, fällt dem Alten
immer etwas Neues ein. Belästigt mich und schmäht
und höhnt: Briefe an die Götter! An Jupiter, an Merkur,
an Apoll. Ist das nicht Lästerung? Dafür gibt es Paragra-
phen.
Hier steht: und flehe ich zu deiner Allmacht, Zeus, mir
Recht, Gerechtigkeit und Rache, Wörter e i n e s Stamms,
herabzusenden! Als wollte er sagen: in Rom herrscht kein
Gesetz. Nur Willkür.
Und ein schwacher Kaiser.
TAMORA Fürst und Gatte, Herr meines Lebens,
Freude meiner Sinne und Begierden: in dieser Stunde,
da ich für dich, für Rom gebären soll, vergib, daß ich
nur Mitleid habe für den wirren Greis. Zittre nicht auch
du! Ein Mückenschwarm verdunkelt keine Sonne.
Steh kaiserlich mir bei und steh vor allem still.
Beachte diese lächerliche Botschaft nicht.
Geh jetzt hinaus. Ich muß gleich schreien.
SATURNIN Ich selber hörte Klagen unterm Volk,
als ich verkleidet durch die Straßen ging.
Held Titus wäre der bessere Herrscher
über Rom gewesen!
TAMORA Den Titus Andronicus, beruhige dich, mein Herr,

will ich bezaubern nach meinen Riten, die nicht römisch
sind.

Sobald ich kann und wieder gehen kann, versuche ich's, mit
Worten erst, die süßer und gefährlicher sind als Honigklee
fürs Rind, ich bewispere sein Ohr mit giftiger Hoffnung.
Obgleich fast Eisen schon sein Herz, ich öffne es und
dringe tief hinein. Geh nun, Geliebter.

Jetzt – jetzt muß ich schreien!

IX
Lust als Buße

Lavinia und Monica.

MONICA Was soll der Streit? Hab ich was falsch gemacht?
Ich übersetze dich, so gut ich kann. Doch was du da sagst,
verstehe ich nicht.
Warum so bissig und so böse? Du hunzt mich aus wie eine
dumme Sklavin.
Soll ich gehen? Ich bin dein Mund. Brauchst du mich nicht
mehr?

Lavinia abwechselnd nickend und den Kopf schüttelnd.
Einzelne Laute krächzend.

MONICA Was soll das heißen: Blütenfackel? Ich kenne das
Wort nicht.
Stoß nicht die Laute einzeln aus, sondern bilde ganze Sätze.
Lavinia bemüht sich langsam und flüsternd zu sprechen.
MONICA Ja, schon gut. Du trägst die Blütenfackel nachts –
wohin? – in deinen Liebesgarten. Und?
Wenn du poetisch sprichst, laß mich es vorher wissen.

Chiron tritt den beiden in den Weg mit einer Rose in der
Hand. Lavinia gurgelt und zuckt zurück. Monica stellt sich
schützend vor sie und preßt ihre Hand auf Lavinias Mund.

MONICA Ganz still, Lavinia. Beruhige dich.
Wir sind zu zweit. Der Bursche kommt allein.

Monica dreht sich zu Chiron um, Lavinia wendet sich ab,
so daß beide Frauen beinahe Rücken an Rücken stehen. Fast
gleichzeitig röchelt die eine und übersetzt die andere.

MONICA/LAVINIA Ihr Teufelsbrüder, nein! Nicht noch ein-
    mal! Hilf, Himmel, schaff sie aus dem Weg!
CHIRON Ich bin doch ganz allein.
MONICA *zur abgewandten Lavinia*
    Er will dir eine Blume geben.
Lavinia dreht sich vorsichtig um.
MONICA/LAVINIA Wo ist der andere?
CHIRON Nimm diese Rose erst. Dann laß mich sprechen.
MONICA/LAVINIA Danke.
CHIRON *ein wenig angelernt* Auf Knien lieg ich reuevoll vor
    dir, dem Inbild meiner Sehnsucht:
    Wie anders als gebeugt von schwerster Schuld
    darf ich mich unter deine Augen wagen?
    Ich war ein Ungeheuer nur
    aus unbezähmter Liebe.
    Und niemals kann Vergebung mich von meinem Fluch er-
    lösen.
    Doch büßen will ich nun, solang ich lebe. Ich lieg zu Euren
    Füßen demütig und ohne Flehen. Ich warte, bis der Rächer
    kommt und mich zerfleischt. So sollst du sehen, wie ich
    sterbe.
MONICA/LAVINIA Wo ist dein Bruder?
CHIRON *steht auf*
    Ich weiß es nicht. Er floh ins Ausland.
    Keine Angst, er ist weit fort.
    In Wahrheit war nur ich verliebt in dich.
    Demetrius war es nicht.

MONICA/LAVINIA Du warst der grausamere von beiden.
  Elender Köter. Schinder. Bestie, die mich schlug und würgte.
CHIRON Ich nicht! Demetrius!
MONICA/LAVINIA Und du? Hättst nur ein bißchen nachge-
  holfen bei der Schändung? Durftest mit der Puppe spielen,
  bevor du sie zerschlagen hast?
CHIRON Ich bin es nicht gewohnt gefragt zu werden.
  Stets gab mein Bruder unsere Antwort.
MONICA/LAVINIA Es scheint, du bist ein sehr beschränktes
  Ungeheuer.
CHIRON Zusammen waren wir recht klug, Demetrius und
  ich.
MONICA/LAVINIA Zwei halbe Hirne ergänzten sich zum
  Teufelsgeist.
CHIRON Jetzt bin ich einsam abgetrennt und suche
  eine liebende Ergänzung.
MONICA/LAVINIA Siehst du, wie ich aussehe?
  Was denkst du, wenn du mit einem hübschen Mädchen
  sprichst, das du zum Krüppel schlugst?
CHIRON Ich denke an dich.
MONICA/LAVINIA Nein, sehen, sehen sollst du mich!
  Das Trümmerstück von einem Weib,
  das Rumpfgerüst. Das hohle Maul.
CHIRON Daran trage ich mein Bündel Schuld.
  Ich habe keine andere Wahl, Lavinia,
  als dich anzubeten. Ich würde rasend
  bis zur Selbstvernichtung, wenn ich nicht
  büßen dürfte, so wie ein Kind die zerschlagene
  Puppe heißer liebt als zuvor die heile.
MONICA/LAVINIA Liebe büßt doch nicht, sie fordert.
CHIRON Dann fordere ich dich! Damit endlich

Friede einkehrt zwischen deinem Haus und meinem.
Jetzt herrscht die Angst in Rom, und jeder fürchtet
sich vor seinem eigenen Schatten. Rachegeister schwirren
durch die Nacht, Vergeltung lauert hinter jeder Säule.
Die Kaiserin, meine liebe Mutter, sieht sich verfolgt vom
würdigsten Kriegsherrn Roms, Titus, deinem Vater.
Ich will der erste sein, der diesen düsteren Argwohn
aus den Mauern scheucht und Frieden stiftet
zwischen den verfeindeten Familien.

LAVINIA/MONICA Ist Liebe: Frieden stiften?

CHIRON Ich meine, Frieden wächst zuerst aus einer einzigen
Lebenszelle, worin ein Mann und eine Frau vereinigt sind.
Ich kann allein nicht besser sprechen.

MONICA/LAVINIA Auch ich kann nicht alleine sprechen.

CHIRON Glaube mir, Lavinia, du bist mit allem,
was dir fehlt, vollendet schön.

MONICA/LAVINIA So? Die silbernen Arme, die ich von mir
strecke, findest du sie schön?

CHIRON O wenn ich sie jetzt küssen dürfte!
Und welches Glück, wenn diese sanften Fingerspitzen
das eiserne Band der Schuld von meiner Stirn lösten!

MONICA/LAVINIA Die Teile sind sehr kalt, wenn sie die
Schultern eines Manns umschlingen.
Mund und Laube ausgeplündert, die Hände abgeschlagen.
Herz und Tugend ausgelöscht, nur eines habt ihr qualvoll
ausgelassen, nur eines habt ihr nicht zerstört: meine Lust.

CHIRON Ich bin nur noch am Leben, um so viel Übel,
das ich zu zweit an dir begangen, nun sehr alleine wiedergutzumachen. Aus vollem Herzen strömt mein Wille, dich
zu lieben und Verzeihung zu erlangen.

MONICA/LAVINIA Dein Herz ist mir so hundsegal, du Schurke.

Verzeihung gewähren nur die Nächte voller Freude.
Nur Lust vertilgt das Leid. Du liebst mich nicht.
Doch ich erwarte dich. Besuch mich, ohne daß
dich jemand sieht.

MONICA Lavinia! Getreu übersetze ich deine Laute,
doch diese letzten Worte hätte ich gern verschwiegen.
Unser Nachmittag ist allerdings vorüber. Ich muß gehen.

MONICA/LAVINIA O meine liebe Monica! Laß mich mit dieser Bestie nicht allein, er ist mein Schänder!

X
Häusliche Szene (2)

Gedeckte Speisetafel. Titus, Lavinia, Der Knabe Lukas.
Lavinia mit einem Löffel zwischen den Prothesenfingern
schöpft aus einer Schüssel.

TITUS Iß nicht soviel, Lavinia.
Sieh her. Ich kreuze die Arme über meiner Brust.
Ich drücke droßle und verdräng mein Herz,
das ich in Jammer tunke. Und wenn's nach oben
steigen will, dann stoß ich es hinunter, ersaufen
soll es in meinem Unglück.
Laß etwas stehen, Lavinia. Schling nicht alles runter.
Darbe schmachte faste, bis dir der Atem stillsteht.
Essen ist für unser Leid die unschicklichste Gebärde.
Die Götter sehen uns zu und fragen sich:
Wieviel Schutt und Schrecken gossen wir auf diese Krea-
turen!
Und ihnen fällt nichts Besseres ein, als sich die Wänste voll-
zuschlagen.
Mein Töchterchen, du Atlas schwerer Schmerzen.
Du Auserwählte allen Leids – iß nicht soviel.
Dein Schmausen macht mich wild.
Ich hege von dir ein Bild der bitteren Qual, mein Kind.
Ich höre sogar, wenn du die Suppe löffelst, dein Äch-
zen, Seufzen, Weinen. Ich sehe statt des Löffels jetzt ein
spitzes Messer, den Griff führst du im Mund und wie die
Krähe, die sich selbst zerhacken will, stößt du die Klinge in
die eigne Brust.

Denk nur an Philomele bei Ovid, die, obschon verwandelt
in die Nachtigall, nie ihre Schmach vergessen kann,
und selbstvernichtend noch als Vogel ihre Brust an einem
Dorn zerfetzt.

DER KNABE Titus, lieber Onkel, die Cousine hat genug ge-
weint. Sie möchte endlich wieder lustig sein und tafeln
wie ein gesundes Weib. Doch du verwehrst ihr Heiterkeit
und Lebensfreude. Eher soll sie Hand an sich legen, als
nicht mehr traurig sein.

TITUS Hand an sich legen? Wer spricht von Händen?
Wie kamst du auf den Namen Hand?
Mimst du den Narren, Knabe? Mach mich nicht nach, du
Affe.
Hier bin ich ganz allein verrückt. Benutze keine Worte, die
mich an die Hände meiner Tochter erinnern.
Ich wünschte wahrhaftig, ich könnte mit ihr sprechen.
Ich wünschte, ich verstünde sie wie Monica, ihr Trage-
mund.
Ihr Röcheln entzifferte ich wie Portugiesisch. Mein ganzes
Kind mit Mienen, Lauten, Gesten erlernte ich wie eine
Fremdsprache, wäre ich nur nicht zu alt für dieses neue Al-
phabet.

Der Knabe schlägt auf dem Tisch eine Fliege tot.

TITUS Was trommelst du auf meinen Schädel?
DER KNABE Ich schlug 'ne Fliege tot.
TITUS Beherrsch dich, du Unmensch.
Du erschlugst mir einen zärtlichen Gedanken.
Ein Totschlag außerdem, begangen an dem
gebrechlichsten Geschöpf in diesem Zimmer.

63

Ich habe genug von deiner Tyrannei. In Rom
überall tötet man nach Lust und Laune,
doch nicht an meinem Mittagstisch. Es reicht.
Steh auf und geh. Du taugst nicht mehr für meinen Um-
gang.

DER KNABE Lieber Onkel! Eine Fliege erschlug ich nur!

TITUS Nur? Und wenn die Fliege Vater hat und Mutter?
Die lassen jetzt die schimmernden Flügel hängen.
Sie schwirren klagend durch die Luft.
Zur Fliege
Du zartes, gutes Wesen. Du kamst mit deinem Brummge-
sang, um eine traurige Gesellschaft aufzuheitern.
Und dieser bitterböse Knabe meuchelte dich n u r !

DER KNABE Verzeih mir, Onkel. Es war so ein giftig schil-
lernd Ding, eine eklige Schmeißfliege, so grünlich schwarz
wie Aaron, unser Mohr, der Lustmann unserer Kaiserin.

TITUS Oh oh oh!
Es tut mir leid, es tut mir leid.
Ich hätte dich nicht tadeln sollen, mein Neffe.
Der Mohr, der zweifelhafte Mohr –
Er sinnt einen Augenblick.
So tief sind wir noch nicht geschwächt, daß
wir den schmierigen Lüstling nicht so glatt und leicht
erschlagen könnten wie 'ne Fliege.
Aaron, den Ihre Majestät, die Hure, wegen Unpäßlichkeit
einstweilen nicht empfing. Er suchte sich für seine Geilheit
anderen Unterschlupf. Streifte nächtlich durch den Wald
und griff, was er sich greifen konnte, ein wehrloses Mädchen so wie meins.
Das er mißbrauchte und verstümmelte, damit's ihn nicht
verraten konnte.

A a r o n ! So einer war's.

Titus begibt sich zu Lavinia und nimmt ihr den Löffel aus den Prothesenfingern.

Hier bück dich mit mir über den Staub.
Ich schreibe meinen Namen mit dem Mund und diesem Löffelstiel.
T i t u s . Ja, so heiße ich. Gut, gut.
Du siehst, es geht auch ohne Hände.
Nun du, schreib säuberlich wie ich.
Schreib den Namen des Verbrechers in den Staub ...
Aaron ... damit ich Anspruch habe auf seinen Totschlag.
Ein gültiges Zertifikat, gezeichnet von dir selbst,
ohne Dolmetsch, ohne Zwischenträger.
Lavinia schreibt gewandt mit dem Mund auf den Boden.
Lenkt, Götter, diesen Stiel in ihrem Mund und helft,
daß sie den richtigen Namen schreibt! Gütiger Himmel,
gib uns den Frevler kund!
Der Knabe Sieh, Onkel, wie geschickt sie mit dem Stiel die Wörter reiht.
Jetzt lies, was sie geschrieben hat.
Titus *liest* Lavinia quält die Lust.
Lavinia möchte leben.
Beiseite Das soll sie nicht.
Zuviel Gram und Schmerz hat sie verdorben.
Ein Dämon hat sie von unten her gefaßt
und umgestülpt. Das Grauen umgedreht in
Lüsternheit. Ihr gerades keusches Wesen
nahm die Abart ihres Schinders an.
Sie ist nicht mehr bei Sinnen, wenn sie

jetzt noch Sinnlichkeit verlangt.

Zu Lavinia

Zu viele Worte schriebst du in den Staub.
Ein Name hätte mir genügt.

XI
Das schwarze Kind

Tamora mit ihrem Baby in Tüchern gehüllt; Aaron.

TAMORA Wo ist Aaron? Aaron! Verfluchter schwarzer
  Fleck auf meiner weißen Haut!
AARON Aaron ist hier. Aaron ist hier.
  Was hat denn Aaron ausgefressen,
  daß er verflucht wird statt geküßt?
TAMORA O Liebling, wir sind verraten. Uns
  ist was schief gegangen.
AARON Stand's zwischen uns nicht immer schief
  und war recht standfest und stand auch
  gerade recht im schiefen Winkel?
  Doch was verhüllst du da in einem Tuch,
  als wolltest du's erdrücken?
TAMORA Ich hab ein schwarzes Biest geboren.
AARON Du bringst mir also ein Geschenk.
TAMORA Den Teufel, ja.
AARON Und deshalb blasen die Trompeten im Palast?
TAMORA Dem Kaiser ward es gleich gemeldet,
  daß ich von einem Sohn entbunden bin.
  Ich ließ ihn vorerst nicht in meine Kammer,
  ich floh, sobald ich konnte, heimlich aus dem Wochenbett.
  Niemand sah das Balg als nur die Amme,
  die diesen Blick nicht überleben durfte.
  Nimm du das Kind und mit der Spitze
  deines Dolches liebkos den glitschigen Lurch.
AARON Liebkos dich selber so.

Ist schwarz denn eine böse Farbe?
Er betrachtet das Baby.
Du süßes kleines Rundgesicht, du reizendes Gewächs.

TAMORA Es darf nicht leben.

AARON Doch sterben darf es nicht.

TAMORA Aaron, es muß verschwinden.
Ich, die eigene Mutter, will's.
Gib her das Bündel. Wenn du's nicht kannst,
erschlag ich es an einem Stein.

AARON Eher zerschlägt mein Schwert
dein krummes Eingeweide, als daß du
meinem Erstgeborenen auch nur
ein Härchen krümmst.
Schwarz, kohlrabenschwarz – ist doch
die unverwüstlichste der Farben. Sie duldet
keinen weiteren Anstrich. Und alles Wasser
aus dem weiten Ozean wäscht niemals weiß
die schwarzen Füße eines Schwans.

TAMORA Du willst den Fehltritt deiner Herrin
dem Kaiser und dem ganzen Reich verkünden?
Geliebter, sieh mich an. Hab ich an Schönheit
denn verloren, jetzt, nur weil die Röte und die Blässe
schneller wechseln auf den Wangen als
Angst und Lust in meinen Gliedern?
Hilf mir zurück zu einem sicheren Aussehen!

AARON Die Privilegien deiner weißen Haut!
Wie gefährlich, wie verräterisch ist diese Hülle!
Verkündet aller Welt die heimlichsten Beschlüsse
deines lasterhaften Herzens.
Doch dieses Bürschlein hier, das guckt aus
anderer Tönung anders in die Welt.

Das grinst den Vater an, als wollte es sagen:
Hej, Alter, ein Stück von dir bin ich,
und nur von dir, ein schwarzes.

TAMORA Verlieb dich nicht in diese Mißgeburt.
Oder meinethalben: tu's. Nenn es dein Kind
und rette es. Doch sinn auf Rettung jetzt für mich.

AARON Ein gotischer Landsmann wohnt nicht weit von hier,
sein Weib kam gestern in die Wochen. Gib ihr
'nen Batzen Gold und nimm ihr weißes Balg,
den frischgeborenen Knaben. Erklär den Handel
für gesetzliches Geheimnis. Das Kindchen käm
zu großen Ehren, des Kaisers Erbe sollt' es werden.

TAMORA Du rätst und bleibst zuinnerst unbeteiligt.
Wie zu einer dutzendfach erprobten Irreführung.
Behext von deinem eignen Fleisch und Blut,
rührt dich mein Schicksal längst nicht mehr.
Zuviel Liebe habe ich dir geschenkt.
Ich wünschte, du hättest mir was Besseres
dafür gegeben.

Tamora und Aaron gehen auseinander.
Titus kommt mit zwei Soldaten und hält Aaron auf.

XII
Vaterherzen

Titus und Aaron. Zwei Soldaten.

TITUS Aaron! Bleib stehen. Halt!
Was trägst du so zart behütet fort in deinen Armen?
Laß mich sehen. Ach, ach. Was für ein süßer Fratz.
Ein entzückendes Gebilde. Und wie es niedlich
lächelt und so kräftig strampelt!

AARON Jawohl. Das ist mein Sohn. Und wie mir scheint:
Ein properes Erzeugnis.

TITUS Bestimmt. Ein Prachtkerl. Rundherum.
Und ganz der Vater. Wie aus dem Gesicht geschnitten.
Nein, wie allerliebst, der kleine Racker.

AARON Verzärtelt wird er nicht. Zum Krieger, mehr noch,
zum ersten Feldherrn erziehe ich meinen Erben.

TITUS Zum Krieger? Wie? Den?
Die Miniatur von deiner eignen Mißgestalt?

AARON Was?

TITUS Steh, Aaron. Keinen Schritt weiter.
Für dich ist alles aus. Soldaten, bringt den Strick.
Erst hängt den Säugling. Der Vater soll ihn
strampeln sehen ein letztes Mal.

AARON Nicht das Kind! Es ist von königlichem Blut.
Rührt nicht den Jungen an.

TITUS Danach den klebrigen Erzeuger.
Den eingefleischten Teufel, den eklen Schurken, der der
Perle meines Lebens ihren Lüster raubte. Die Bestie, die das

70

Liebste schändete, das mir auf Erden blieb. Hängt beide an
den Baum.
Seite an Seite, den stinkenden Mohr und seinen Bastard.

AARON Tut meinem Kind nicht weh. Versprichst du's mir,
so spreche ich. Du ahnst nicht, was ich weiß.
Ich kann es auch für mich behalten. Hängst du mich,
dann wird der süße Schauder wahrer Rache,
der Trost der gültigen Vergeltung dir entgehen.

TITUS Was redest du? Nur um den Kopf zu retten aus der
Schlinge. Was gibt es, das ich noch nicht weiß? Dann rede
doch.
Wenn's mir zusagt, was du sagst, überlebt dein Kind.

AARON Zusagt, was ich sage?! Pah, Titus, glaube mir,
dein Vaterherz zerspringt in Stücke, wenn du die Wahrheit
hörst von mir.
Ich spreche nämlich, wenn ich spreche, von Mord
und Notzucht und Massaker, von Akten einer Finsternis,
in die ein M e n s c h bisher nie vordrang.

TITUS Du bietest das Geständnis deiner eignen Untat an?
Das brauche ich nicht. Der Fall liegt auf der Hand.

AARON Dann trage deinen Irrtum mit ins Grab.
Häng mich auf und stirb in deiner himmelschreienden Ver-
kennung.

TITUS In dir, du selbst ein Irrtum der Natur,
kann sich ein Mensch nicht irren.
Von welchem Irrtum also sprichst du?
Klär mich endlich auf.

AARON Erst schwöre, du verschonst mein Kind.

TITUS Du glaubst an keine Himmelsmacht.
Wie glaubst du einem Schwur?

AARON Ich weiß ja, was dir heilig ist.

Sitte Ehrfurcht Formen Bräuche.
Die Losung brüllst du seit langem
in die leere Welt. Gelobe mir bei
deinen Heiligtümern: du schonst mein Kind.
TITUS Ich schwöre es bei unseren alten Römertugenden.
AARON Übrigens, ganz nebenbei, ich hab's gemacht
mit unserer Kaiserin.
TITUS Der unersättlichsten der römischen Huren.
AARON Das bißchen Unzucht, das ich mit ihr trieb,
war ein Akt staatsmännscher Würde, verglichen
mit den Taten ihrer geilen, wilden Söhne.
Erst brachten sie den Bruder unseres Kaisers um,
Bassian, erdolcht. Dann streckten sie dein Töchterchen
auf seine Leiche und putzten sie und stutzten sie,
wie es die wüste Lust ihnen eingab.
TITUS Wie? Was taten sie? Zügle deine Worte,
du giftiger Halunke.
AARON Wie soll ich's anders nennen?
Sie schrubbten und sie kämmten,
sie trimmten und sie striegelten ihr Zirkuspferd.
TITUS Halt dein Maul! Ich will nichts mehr hören!
AARON Nun ja, sie ließen wenig aus bei ihrer Schönheits-
pflege.
Doch nach dem Ritt, dem allzu kühnen, verfielen sie
in bittres Zagen, große Angst. Der eine floh schnell außer
Landes, der kleine Bruder blieb zurück, er zittert jetzt
noch wie ein Kind. Doch um der Rache zu entgehen, be-
nutzt er einen Trick.
Liebend wirbt er neuerdings um deine Tochter.
Sein Verbrechen sucht er wiedergutzumachen,
indem er diesmal sanfter in sie dringt.

TITUS Du schwarzer Hund, du ekelst mich.
Dich treibt die Sucht nach ungehemmter Bosheit in diese
Lügenphantasien!

AARON Geh doch nach Haus, du schlichter Greis,
und lausche eine Weile an Lavinias Tür.
Hör, wie sie krächzt, denn flüstern kann sie nicht
in Chirons rote Ohren. Komm wieder her und sage mir,
bevor du mich ermorden läßt, ob ich ein Lügner bin.

TITUS *zu den Soldaten*
Dies Ungetüm darf nicht zu kurze Qualen leiden.
Sein Tod soll sich ergiebig in die Länge ziehen.
Ich gehe einstweilen in mein Haus. Fesselt ihn zusammen
mit dem Kind.

AARON Du schonst das Kind! Du gabst dein Wort.

Titus ab.

ERSTER SOLDAT Es würde mich interessieren,
was steckt denn für ein Geist in einem Menschen,
wenn der so lüstern sich in Grausamkeiten wälzt?

AARON Wollt ihr noch mehr von meiner Bosheit kosten?
Wollt ihr den Teufel prahlen hören?

ZWEITER SOLDAT Wär ich nicht so treu und vaterländisch,
so möchte ich auch so hundsgemein und
böse sein wie du. Das wirft 'ne Haltung ab
und es hat Schliff. Da zeigt sich wer, wo
andere nur palavern.

ERSTER SOLDAT Es fragt sich doch, da fragt man sich
und das ist doch 'ne ernste Frage:
Ob so ein hundsgemeiner Mensch
nicht seine menschliche Berechtigung hat
in einer hundsgemeinen Welt.
Doch unser Auftrag lautet: dich einzugraben bis zum Kinn.

XIII
Das Bett

Ein sehr breites Bett. Auf der einen Seite Lavinia und Chiron.
Auf der anderen Monica, mit dem Rücken an das Kopfende
gelehnt, in einem Buch blätternd, während sie ungerührt
übersetzt.

MONICA/LAVINIA Du liegst nicht gut, mein Liebling.
    Nimm eine Stütze für den Nacken und streck
    die Beine locker aus. So. Nun bleibe ruhig.
    Rühr dich nicht. Ich mache nur, was dir gefällt.
    Ganz langsam streichle ich dich. Nicht zucken!
    Bleib still. Laß deine Glieder los. Löse dich von
    schwierigen Gedanken. Nicht zucken!
CHIRON Es ist alles noch sehr ungewohnt für mich.
    Ich muß mich erst an dich gewöhnen.
    Ich bin viel scheuer, als du glaubst.
    Warten wir einen Augenblick.
MONICA/LAVINIA Ich weiß, die steifen kalten Finger sind's,
    die dich erschrecken. Was machen wir?
    Was haben wir noch nicht versucht?
    Darf ich dich küssen, Chiron?
CHIRON Versuch es.
    Sie küßt ihn vorsichtig, dann leidenschaftlich, er stößt sie
    von sich.
    Furchtbar. Es graust mich nur.
    Was in jener Nacht geschah, kommt wieder:
    Dämonen, Totenvögel sitzen auf meiner Brust.
    Dein Mund ist leer wie eine Muschelgrotte.

MONICA/LAVINIA Ich küsse dich nicht mehr.
Lieg ruhig, mein Gast.
Wir werden uns auch ohne Küsse lieben.
CHIRON Ich will und will und will,
doch mein starker Wille macht mich schwach.
Wie fangen wir es an? Es muß doch eine Lösung geben.
MONICA/LAVINIA Wie wär's, wenn wir uns umgekehrt –
Vielleicht, wenn du – oder so herum –
nein, das ist zu unbequem. Und wenn ich –
warte, es fällt mir gleich was Richtiges ein.
CHIRON Es geht so nicht und nicht andersrum.
Ich bin zu frisch verliebt in dich.
Und der Gedanke, daß du es bist,
Lavinia, zu der ich plötzlich zärtlich bin,
nach allem, was meine Wut an dir beging,
der Gedanke schnürt mir die Sinne ein.
MONICA/LAVINIA Ich habe dich so nah und brauche dich.
Alles brennt in mir und wartet. Der Aufschub
wird zur Qual.
CHIRON Hier und jetzt, ich bin bereit, die Untat wiedergut-
zumachen und mit der gleichen Leidenschaft,
ich verspreche es, mit der ich sie verübte.
MONICA/LAVINIA Nicht heftig, Chiron, es nützt ja nichts.
Wir sollten uns mit einem äußeren Mittel helfen.
Ich habe kürzlich erst gelesen, ein Tuch, getränkt von
abgestimmtem Kräuersud, legt man erschöpften
Männern auf den Schoß, die Wirkung ist
unzweifelhaft und sicher. Das will ich uns besorgen.
Hier in der Nachbarschaft weiß ich den Händler,
bei dem ich die Extrakte hole.

Sie steigt aus dem Bett, zieht einen Morgenmantel über.
Und bis ich wiederkomme, Herz, versuch zu träumen,
dahinzugleiten in verführerischen Harmonien.

Lavinia ab. Nach einer Weile ...

CHIRON *zu Monica* Was liest du immerzu?
MONICA Es ist Lavinias Buch. Ovid.
CHIRON Steht da vielleicht was Ansteckendes drin:
   Vom Liebesspiel und einer Paarung?
   Oft findet sich ein gutes Vorbild in den alten Büchern.
   Lies mir vor.
MONICA Es gehört nicht zu meinem Auftrag.
   Ich spreche für Lavinia.
CHIRON Lies als du selbst.
MONICA Meine Person ist nicht beteiligt.
CHIRON Zieh dich aus.
MONICA Weshalb?
CHIRON Ich will deiner Person begegnen.
MONICA Wozu?
CHIRON Gehorche. Zieh dich aus.
MONICA Faß mich nicht an. Laß mich in Ruhe.
CHIRON Tu, was ich sage.
   Mach mich nicht wild, ich warne dich.
   Wenn du schreist, zerdrücke ich dir die Kehle.
   Er reißt ihr die Kleider vom Leib.
MONICA Hilfe ... Hilfe!
CHIRON Du willst mich, du willst mich doch!
   Dolmetscherin, flüstre mir ein Liebeswort ins Ohr.
   Flüstere oder fauch in mein Ohr, du Katze!
   Mach mich bereit für meinen Krüppel.

Ich muß Lavinia Freude bringen, das muß ich.
Mach mich bereit für sie.
Sieh mich nicht an. Gib mir den Rücken.
MONICA Du krankes Ungeheuer, bist du nur Mann,
  wenn du ein Mädchen zwingen kannst?
CHIRON Du Sprecherin … du süßer Mund,
  du wunderbare Stimme …
  Sprich zu mir, je böser um so besser.

Von der Seite nähert sich Titus im Morgenmantel der Lavinia.

CHIRON Lavinia, bist du's? Schon zurück?
  Gleich bin ich bereit für dich. Gleich!
  Komm her und öffne deine Arme!

*Titus tritt hinter den Chiron, läßt den Mantel fallen und er-
sticht ihn.*

CHIRON Titus! … Nicht! … Nicht!
  O Titus, du hast den Falschen umgebracht!
  Ich liebte deine Tochter.

*Chiron umarmt den Titus im Tod. Titus trennt den Arm mit
dem Messer ab, er bleibt mit verkrampfter Hand um seine
Schulter geschlungen.*

TITUS Du bist nicht mehr, abartiger Knabe.
  Es ist vorbei. Die Vergeltung hatte
  ich mir allerdings erhabener ausgedacht.
  Ich mußte dir zur Hilfe kommen.
  Er wirft Monica den Morgenmantel zu.

MONICA Danke, edler Titus.

Danke, lieber Vater.

TITUS Du sprichst nicht mit Lavinias Stimme.

Ich höre eine andere sprechen.

MONICA *spricht zu Chirons Leiche* Du hast mich angefaßt, Kanaille.

Ich rieche noch nach dir, du Vieh.

Sie tritt ihm in die Seite.

Ich dachte, mir passiert so etwas nicht.

Mir kann das nie passieren, dachte ich.

Niemand wird es wagen … du Batzen Kot.

Ich spucke dir nach auf deinem Weg ins Nichts.

Du hast mich angefaßt. Ich riech nach deinem Dreck!

TITUS Spar dir die Totenrede. Verschwende deine Flüche nicht an eine Leiche. Das Zimmer liegt in unerhörter Dunkelheit. Lavinia buhlte hier mit ihrem Schänder. Gibt's das auch anderswo? Oder wurde es eigens ausgebrütet von dem abgefeimten Rom?

MONICA Komm, Titus, wühl nicht mit Blicken in dem Bett.

Du hast den Drachen abgestochen, der mich vergiften wollte. Du hast ein Kind befreit. Froh führt es den Vater aus der Dunkelheit.

Indem beide abgehen, sticht Titus sein Schwert durch das Türblatt, so daß es ins Zimmer hinein steht.

TITUS Hier ist der Dorn für dich, du süße Philomele.

Er steckt nun spitz in deinem Liebesnest.

Du kannst ihn nicht vermeiden.

MONICA Pricks do make bird sing/

But pricks in ladies' bosom often sting.

Beide ab. Kurz darauf tritt Lavinia von der anderen Seite auf. Über den angewinkelten Silberarmen trägt sie ein weißes dampfendes Tuch. Sie geht zum Bett, entdeckt den toten Chiron, kniet nieder und legt ihm das Tuch über den Schoß. Anschließend geht sie wie angezogen auf das in der Tür steckende Schwert zu.

XIV
Aarons Kopf

Chiron (Puppe), auf eine Stange gespießt, wird ausgeweidet
von Titus und Monica.
Lavinia mit der Vorderseite an der Tür hängend, vom Schwert
durchbohrt.

Im Vordergrund Aaron, bis zum Kinn in der Erde. Neben ihm
auf seinem Faltstühlchen Der Knabe Lukas, eine Wiege mit
Aarons Kind schaukelnd.

AARON Nein, mein Junge, auch Bosheit ist eine Göttergabe
und wirkt verpflichtend für ein ganzes Leben.
Deshalb verfluche ich jeden Tag, an dem ich
nicht so scheußlich war, wie ich es konnte.
An dem ich nicht einen lästigen Zeitgenossen
beseitigte oder mindestens den Plan dazu entwarf.
An dem ich nicht ein zartes Mädchen schändete
oder andere unterwies, es tüchtig zu mißbrauchen.
Einen Unschuldigen anschwärzte und ihn auf Eid ver-
klagte, Todfeindschaft säte zwischen guten Freunden.
Mein Ehrgeiz war: ich wollte in einer gnadenlosen Zeit
viel gnadenloser sein als sie. Hast du bemerkt, mit welch
treuen Bluthundaugen ich meine Zeit betrachtete?
Doch schwupps, da war sie's schon nicht mehr.
Das Übeltun verlor im Lichte neueren Verstehens sein dü-
steres Ansehen. Verstehen und Verständnis entdecken im
gemeinsten Schurken die erbarmungswürdige Seele.

Verstehen und Verständnis schleifen sogar des Teufels Hörner stumpf. Die Hölle leuchtet rosenfarben.

Gleichwohl, ich schwör's, keine Untat, keine Scheußlichkeit, die ich nicht gerne noch beginge – wär mir der Spielraum nicht ein wenig eingeschränkt.

Du tröstest liebevoll mein Kind. Ich kann es selber nicht mehr auf den Armen wiegen.

Titus, sagt man, schickt dich mit geheimer Botschaft zu den Goten. Die Feinde Roms ruft er zur Hilfe gegen das eigene Vaterland. Nur um den Thron von einem schlechten Kaiser leerzufegen.

Lukas: rette mir mein Kind. Nimm es als Unterpfand, nimm's mit ins Gotenland. Grüß meine Landsleute von einem Stammgenossen, von dem allein der Mund noch lebt; ein zugiges Loch, aus dem Orakel steigen: du, mein Junge, wirst der nächste Kaiser sein, wenn ihr die heimischen Heere niederrennt. Kind-Kaiser, dem das hündische Rom zu Füßen liegt. Und alle werden sich vor dir verbeugen.

Nur ich kann nicht mal nicken mit dem Kopf. Sag meinen Goten, in Rom sind selbst die Totengräber Stümper ihres Fachs. Nur bis zum Kinn bestatten sie den nackten Mann.

XV
Die Finger

Saturnin und Tamora.

SATURNIN Die Goten rüsten gegen Rom. Die Nachricht
knickt den Kaiser.

TAMORA Unsere Mauern stehen gut bewehrt.

SATURNIN Deine Volksgenossen, rachewütig, sammeln ihre
besten Heere. Niemand hält sie auf.

TAMORA Titus vielleicht…

SATURNIN Titus vielleicht…

TAMORA Spätzeit eines Kriegers. Söhneverschleißer wurde
Tochterhüter, armes Kind.

SATURNIN Die Nacht bricht an, die Sorge beißt.
Ich spreche jetzt sehr gut, nicht wahr?
Ich kenne meinen Cicero. Jedoch wozu die hohe Schule,
für wen die reiche Rede?
Der Senat? Eine Versammlung von Hohlköpfen, die Ämter
stehlen wie andere Leute Pferde oder Schmuck.
Bei ihnen scheint das Wort politisch von poliert zu kommen statt von Polis.
Ich kenne meinen Cicero. Sie sollten Strafarbeiten schrei-
ben wie die Schüler: weshalb ich von innen hohl bin bis unter die geschminkte Haut!
Tamora: wie soll ich herrschen mit alle dem im Kopf, was ich
vom Herrschen weiß? Ich habe tief in mich hineingehört:
ich bin geknickt.
Wer hebt mein Haupt, geneigt auf eines Kaisers unent-
schlossene Hände?

TAMORA Titus vielleicht…

SATURNIN Meine Handschuhe, bitte.

TAMORA Ist das nötig?

SATURNIN Handschuhe sind immer nötig.

Sie gibt ihm ein Paar weiße kurze Handschuhe und geht ab.

Wie schmuckvoll verstecken wir Hals und Brust – nur diese fiesen Finger bleiben immer nackt.

Tamora? … Die Kaiserin kennt mich zu gut. Wie ungeschützt lebt man vor seiner Frau und gibt sich seine Blößen … Es ist alles falsch in ihrem Blick und macht mich selber falsch.

XVI
Das Friedensmahl

*Lange Tafel. Tamora, Monica, Titus, einen Umhang über den
Schultern.*

TAMORA Tief in meiner gotschen Einfachheit fehlt mir
der Sinn für eure übertriebenen Verfeinerungen.
Der Luxus und die Eitelkeit sind nicht von unserem
Stamm. Geboren als Barbarin, gewohnt auch Widerspen-
stiges zu sagen, halte ich daran fest, daß selbst die höchste
Blütezeit der Kunst ein Nichts bedeutet im Vergleich zur
Kunst, den Krieg zu meiden und den Frieden zu sichern.
Nach innen wie nach außen.
Titus und Tamora trinken einander zu.
TITUS Für Frieden Liebe Bündnis Rom zum Heil.
TAMORA Für Frieden Liebe Bündnis Rom zum Heil!
In Ruhe muß nun unser Streit verhandelt werden.
Das Blutvergießen zehrt an unseren beiden Stämmen.
Die Rache frißt auf jeder Seite die mutigsten und besten
Kinder. Bald stehen du und ich als Letzte der Familien vor-
einander, um uns gegenseitig auszurotten.
TITUS Der alte Feldherr und die Kaiserin. Ein letzter Waf-
fenblitz. Dann stirbt das Licht.
Die Schläge abzuwenden, lud ich dich zu einem heiligen
Mahl. Ich halte es ab im Stil der Ahnen. Denn unsere Für-
stin, wie sie selbst beklagt, verrichtet noch immer ungeübt
die alten römischen Bräuche. Die Feiern herrschaftlicher
Römer sind stets erfüllt von würdigen Riten, um die er-
zürnten Götter zu versöhnen und über uns am Firma-

ment das wiederkäuende Maul des Schreckens zu vertreiben.

MONICA *tritt neben Tamora* Ein wenig noch von unserer frischen Sülze?

TAMORA Ein köstliches Gericht. Sehr schmackhaft und sehr eigentümlich.
Du mußt mir später das Rezept verraten.
Zu Titus
Nur nebenbei, weil du von herrschaftlichen Sitten sprichst,
es drang zu uns, dein Neffe Lucius als dein Abgesandter
sei heimlich fortgereist ins Gotenlager, mit einer Botschaft
von dir ausgestattet. Der Kaiser fürchtet nun, die Goten
zögen bald erneut gen Rom.

TITUS Gesegnet lebe ich in der Enge meines Hauses.
Rang und Pflicht und Amt, sie kamen mir abhanden.
Draußen in Rom: das liegt so fern wie Marakanda.
Schön sind die zwei, die soviel Nähe miteinander
teilen und sich lieben: Vater und Tochter, fast aufgelöst
in Raum und Zeit, fast grenzenlos in dieser innigen Begrenzung: Zwei Menschen bloß an einem Tisch mit Stühlen.

TAMORA Das Mädchen neben dir – Lavinia?

TITUS Ich sehe nur, was ich verlor.
Wie gerne höre ich das Kind, das über meine Späße lacht.
Auch wenn ich sehr sehr albern bin, werde ich von ihr beklatscht.
Wenn sonst auch nichts, zum Lachen bring ich sie.
Zum Narren tauge ich noch. Selbst über meine düsteren Possen freut sie sich.

TAMORA Zurück zum Frieden, Titus. Von äußeren Feinden
hat das Reich nicht weniger zu fürchten als vom inneren
Aufruhr.

Das Volk, die tapferen Männer, Söhne Roms, zerstieben
wie ein Vogelschwarm bei Sturm und Hagel. Es ist die
Pflicht der Kaiserin, zu neuen Garben aufzubinden das
zerstreute Korn.

TITUS Ganz recht. So ist's. Dasselbe gleichnishaft gesagt:
Zu einem einzigen Krieger wieder zu vereinigen die
zerstückten Glieder. Und deshalb lob ich mir den Frieden,
der im eigenen Haus beginnt. Seit einiger Zeit begrüße ich
den Chiron, deinen Sohn, in unseren Mauern.
Auch wenn es das alte Vaterherz bedrückt, er scheint
verliebt in meine Tochter, die Lavinia. Unter uns:
Er dreht und wendet sich am Spieß der Lust
Wie ein gebratenes Ferkel.

TAMORA Chiron in deinem Haus? Mein jüngster Sohn und
deine Tochter?
So weit ist es ohne mein Wissen gekommen …
*Sie hebt das Weinglas und blinzelt durch den Schliff zu Mo-
nica.*

TITUS Der Kaiserin Glas ist leer, mein Kind …
Monica kommt und schenkt nach

TAMORA Verzeihung. Meine Augen waren nie die besten.
Ich habe Lavinia nur ein einziges Mal gesehen.
Für uns beide war es nicht der günstigste Moment.
Als sie für zwei Minuten die Erwählte unseres Kaisers
war …
Trug sie da nicht ein blondes Lockenhaar?

TITUS Ehrwürdige Majestät! Den Chiron kenne ich seinem
feineren Geschmacke nach fast besser als die eigene Mutter.
Blonden kehrt er gleich den Rücken.

TAMORA Ist Chiron im Haus zur Stunde?

TITUS Doch, doch. Das ist er.

TAMORA Versteckt sich wohl vor seiner Mutter, der verliebte
Täuberich?
Sie ruft nach rückwärts ins Haus.
Chiron!
TITUS Das mußt du mehr nach innen rufen.
Mehr in dich hinein.
TAMORA *leiser* Chiron?
TITUS Intus habes, quem poscis.

Der Umhang, den Titus trägt, verrutscht leicht.
Tamora entdeckt den festgekrampften Arm des Chiron auf
Titus' Schulter.

TAMORA Mein Sohn umarmt dich noch, Andronicus.
TITUS Der Rest von ihm liegt aufgelöst in deinen Eingeweiden.
Dir mundete der Sohn. Du hast ihn mit Genuß verzehrt.
TAMORA So, so. Die Mahlzeit war mein Sohn.
Sie war nicht leicht, doch herzhaft abgeschmeckt.
Was starrt ihr stumpf gebannt auf mich?
Kann eine Mutter inniger sein mit ihrem Kind,
als wenn es wieder eingekehrt in ihren Leib?
Dorthin, wo es nur ihr gehört.
Und wo es sie ernährt, wie einst ihr Blut es nährte?
TITUS Jetzt hat die Wölfin ihre Menschenhülle abgelegt.
TAMORA Zurück zum Frieden, den Rom so dringend nun
benötigt.
Du, Titus, stehst dich gut mit deinen alten Feinden, meinen
Goten. Weshalb lädst du nicht die Stammesfürsten ein zu
einem Friedensmahl wie diesem? Ich bin die Kaiserin von
Rom: Eher ließe ich mich rädern, als daß ein Gote jemals
über mich gebietet.

Sie erhebt sich, weicht rückwärts zur Wand.
Mein Kind liegt mir im Magen ...

TITUS Lavinia, der Kaiserin ist unwohl.

TAMORA Die eine Bestie frißt ihr Junges,
die andere erkennt's nicht mehr.
Das ist die Bosheit der Natur.
Wir sind nur ihre Spießgesellen.

TITUS *nähert sich Tamora fast vertraulich.*
Wär's nicht ein günstiger Zeitpunkt, so gleich zu gleich,
wie wir jetzt sind, einander beizustehen und unseren
üblen Ruf zu tilgen?

TAMORA *zieht ihren Dolch* Ja, tilgen, tilgen, gegenseitig.

TITUS *ersticht sie* Vergib. Ich war zu früh.
Er betrachtet die zusammensinkende Tamora.
Alles umsonst. Ich bleibe zurück im Dunkeln. Einer, der
sein Ende sucht und nach dem Ausgang tastet.

MONICA *nimmt ein leeres Kristallglas* Solange ich im Haus
bin, möchte ich nie wieder aus solchen Gläsern trinken.

TITUS Bleibst du?

MONICA Ja. Ich bleibe. Räumen wir den Tisch ab.
Sie trägt ein gefülltes Tablett in den Hintergrund.

TITUS Lavinia?

MONICA *stampft mit dem Fuß auf* Monica!
Es ist genug, Alter. Komm zu dir.
Steh nicht so starr. Rühr dich und hilf mir abräumen.

TITUS *murmelt* Monica.

XVII
Der Kind-Kaiser

*Der Knabe Lukas tritt auf das Podest vor die wie zu Anfang
des Stücks versammelte Menge. Er trägt das weiße Kleid des
Kaisers. Heil-Rufe der Menge: Es lebe Lucius! Lang lebe
unser Kaiser! Heil dir, huldreicher Herrscher Roms. Heil dir,
Kaiser Lucius!*

DER KNABE LUKAS Ihr edlen Bürger Roms! Leidgeprüfte
Männer!
Volk und Söhne unseres Lands! Nie wieder soll dies Heilige Rom durch inneren Aufruhr an sich zweifeln.
Nie wieder darf sein Zepter in die Hand ehrloser Herr-
scher gelangen. Euch allen nach wüsten Jahren schlimmster
Leiden endlich Trost zu bringen, sei meiner Herrschaft
frömmste Pflicht. Ich zog hinaus ins fremde Gotenland,
doch nicht um Truppen warb ich, wie mir von meinem
Oheim Titus aufgetragen, Truppen, die unser tief gebeug-
tes Rom erobern sollten, nein, ich suchte Mitleid bei den
Feinden. Mit meinen Tränen löscht' ich ihren Haß. Rom
verlassend, tat ich nichts zu seinem Nachteil. Mit meinem
Jammer habe ich die Feinde uns versöhnt. Ihr alle wißt, ich
bin kein Prahler ...
Helft, Freunde, mir dies Land zu reinigen – von Hinterlist
und –
jetzt habe ich den Faden verloren.

*Die Mutter des Knaben kommt mit zwei vollgepackten Ein-
kaufstüten.*

EINE JUNGE MUTTER Lukas! Komm sofort da runter!

Hab ich dir nicht gesagt, du sollst hier sitzenblieben?

Hab ich dir nicht gesagt: Misch dich nicht ein? Wie siehst du aus?

DER KNABE LUKAS Ich bin der Kaiser von Rom, Mutter.

EINE JUNGE MUTTER Ich werde dir zeigen, wer du bist!

Nicht zwei Stunden kann man dich alleine lassen.

Ich bin enttäuscht von dir.

Komm sofort da runter. Hab ich dir nicht gesagt:

Laß dich von niemandem ansprechen?!

DER KNABE LUKAS Aber ich bin doch der Kaiser von Rom!

Dunkel

Inhalt

Botho Strauß
im Carl Hanser Verlag